Todo lo que un escritor tiene que saber...
y nunca le contaron

MANUALES | **B**erenice

QUIQUE OLMOS LÓPEZ
PAZ NAVARRO GARCÍA

Todo lo que un escritor tiene que saber... y nunca le contaron

Berenice

Berenice
www.editorialberenice.com
@berenicelibros

Primera edición: marzo de 2025

Berenice • Colección Manuales
Director de Berenice: Javier Ortega
Maquetación: Helena Montané

info@almuzaralibros.com
Parque Logístico de Córdoba. Ctra. Palma del Río, km 4
C/8, Nave L2, nº 3. 14005, Córdoba

Impresión:
Gráficas La Paz

ISBN: 978-84-10356-54-2
Depósito Legal: CO-401-2025

Impreso en España/*Printed in Spain*

Para ti, que tienes este libro en tus manos,
para que consigas cumplir tu sueño
y este manual suponga un empujón para ello.

Índice

Prólogo de Roger Domingo

Querido lector:

Si has sido tú quien ha elegido este libro entre los miles de títulos que se publican cada año, ¡enhorabuena! Si te lo han regalado, llama inmediatamente a esta persona y vuelve a agradecerle el obsequio: lo que te ha regalado es oro puro.

Sea como fuere, si eres escritor o estás pensado en dar tus primeros pasos como autor, este manual que tienes en tus manos es la hoja de ruta perfecta para adentrarte en el muy particular mundo editorial.

Te permitirá conocer de primera mano los actores que participan de la cadena de valor del libro, aprender qué tipos de edición existen, descubrir las partes que conforman este artefacto maravilloso al que llamamos libro y los formatos en los que se publican, averiguar qué editoriales te conviene para publicar tu libro y entender tu responsabilidad como autor en lo que a la promoción se refiere, así como las herramientas de las que dispones para darle visibilidad a tu libro una vez se haya publicado y que dicha visibilidad se traduzca en ventas.

Y todo ello de la mano de Paz Navarro y de Quique Olmos, dos de los editores más respetados del sector y con una amplia experiencia profesional a sus espaldas, pues no en vano llevan 25 años editando libros y son los propietarios del Grupo Sargantana, uno de los conglomerados editoriales con mayor crecimiento y mejor prestigio y reputación. Además, a su buen hacer en el mundo de las letras se le une su forma de ser: son buena gente, característica a veces olvidada pero imprescindible para ser un buen profesional.

Por todo ello, ten por seguro que este libro y lo que aprenderás con él se convertirá en una de tus mayores palancas para iniciar o afianzar tu trayectoria literaria. Léelo con detenimiento, armado con papel y lápiz, y sácale todo el jugo. Con ello, evitarás dos de los errores que tan a menudo cometen los autores que se disponen a publicar un libro: no saber cómo presentar un libro a las editoriales y no saber qué hacer para que se venda una vez publicado.

El primer error que suelen cometer los autores noveles es mandar su manuscrito a todas las editoriales que encuentran en Internet, sin analizar antes qué géneros o temáticas publican. Y, además, suelen enviar sólo el manuscrito, con lo que obligan al editor a leerlo para tratar de adivinar qué es esto que acaba de recibir. Huelga decir que a este tipo de escritores las editoriales no les suelen contestar. Y de ahí la tan habitual queja de los autores: "¡Es que las editoriales nunca contestan!". En realidad no es así. Las editoriales contestan, y muy a menudo con una oferta de publicación (recordemos que cada día llegan a las librerías 250 nuevos títulos), pero para que esto ocurra hay que hacer las cosas tal y como se explica en este libro.

De hecho, estoy convencido de que cada año en España se quedan sin publicar miles de buenos libros. Buenas novelas, buenos ensayos, buenos poemarios, buenos libros infantiles… Y todo ello por culpa del desconocimiento de sus autores a la hora de acercarse a las editoriales. Es normal, ya que uno puede ser un excelente y reputado psicólogo, pero desconocer por completo el mundo editorial, de modo que puede no saber cómo vender a las editoriales su manual de psicología o su novela psicológica. Por suerte, no será el caso de los lectores de este libro.

El segundo error más habitual entre los autores noveles es no saber qué hacer para que su libro se venda una vez publicado. A menudo se debe a que los autores creen que esta tarea, la de vender, recae sobre la editorial y que debe ser ésta, y no el propio autor, quien tire del carro. No es así. Sin un autor predispuesto a promocionar su obra, ningún proyecto literario se convertirá en un bestseller.

Yo suelo decir que escribir y publicar un libro es como un partido de fútbol: tiene una primera parte y una segunda parte. La primera consiste en escribir el libro, y la segunda consiste en venderlo, preparando para ello una campaña de marketing y comunicación que sea capaz de que cualquier lector interesado en el género literario o en la temática del libro sepa que éste se ha publicado. Porque no olvidemos la máxima del marketing: lo que no se conoce no se compra (o dicho en sus términos más habituales: primero hay que crearle la necesidad al lector).

Suele darse también el caso del autor más que predispuesto a promocionar su obra pero falto de herramientas para ello. Y aquí tenemos este manual que viene al rescate, ofreciéndole una sucinta explicación de todo aquello que debe y puede hacer para darle visibilidad a su obra y, con ello, generar ventas.

Sólo con la explicación para subsanar estos dos errores este libro ya sería un gran libro. Pero Quique y Paz van más allá y dotan al autor o autora de muchos otros conocimientos para conseguir hacerse un hueco en el mundo editorial y afianzar su trayectoria literaria. En este sentido, le abren al lector puertas que quizá no sabía que existían y le animan a cruzarlas sin miedo y con conocimiento de causa.

En resumen, un gran libro. Un gran libro que voy a recomendar encarecidamente a todos mis autores y alumnos desde el día en que llegue a las librerías.

ROGER DOMINGO
Editor y mentor de autores
www.rogerdomingo.com

Escribir es la manera más profunda de leer la vida.

FRANCISCO UMBRAL

Novelista, columnista, poeta,
periodista, biógrafo y ensayista español

Nota de los autores

Estimado lector,

Como editores, nos encontramos muchas veces con autores que se sienten totalmente perdidos cuando empiezan a trabajar con nosotros y tienen muchísimas dudas debido al desconocimiento que existe de nuestro sector.

Para que un libro funcione, si has elegido tomar este camino de la mano de una editorial, es muy importante que la relación editorial-autor sea lo más armoniosa posible, ya que hemos de trabajar en conjunto, primero para conseguir editar el mejor libro posible y, una vez que el libro esté publicado, para que este sea distribuido y promocionado de la forma más adecuada y con el esfuerzo tanto de la editorial como del autor.

Para esto es indispensable que haya confianza entre editorial y autor, y para que esta confianza sea más fuerte aún es muy importante que el autor conozca cómo funciona el mercado del libro para que no haya posibles malentendidos, ya que nuestro sector tiene muchas peculiaridades. Conocer en profundidad este mercado también te permitirá estar bien preparado.

Por esa razón hemos decidido escribir este libro, basándonos en las dudas que durante nuestra carrera hemos ido resolviendo a autores y que nos van a acompañar durante el camino que vamos a recorrer juntos autor y editorial.

Si ya estás familiarizado con este mundo, quizás te vas a encontrar con términos o consejos que te resulten familiares, pero te aseguramos que tras la lectura de este manual te llevarás nuevas ideas que poner en práctica y otros conocimientos más afianzados.

Este manual es una guía completa, basada en nuestra experiencia de veinticinco años en el sector editorial español, que te va a acompañar desde el inicio del proceso de publicación hasta la distribución de una forma práctica.

A lo largo de su lectura, te vas a encontrar con multitud de pequeños detalles que puedes aplicar para conseguir tus objetivos con tu original. No les restes valor a iniciativas o ideas que te puedan surgir, aunque te parezcan poco relevantes, ya que, como siempre decimos, esto es una carrera de fondo, y la suma de pequeñas iniciativas forma un resultando grande, por lo que no deberías infravalorar los pequeños detalles, pues estos son los que marcan la diferencia.

Tradicionalmente, este mercado es muy desconocido y hermético, y con este libro queremos acercarte nuestro sector y nuestra experiencia de una manera clara y sencilla para romper esas barreras y convertirlas en oportunidades que poner en tu mano. ¡Esperamos que sepas aprovecharlas!

Estamos seguros de que una vez que acabes este libro vas a conocernos mucho mejor y comprenderás el sector, el proceso de edición de una obra, la distribución y la promoción. Esperamos que también veas lo difícil que es conseguir a día de hoy que un libro logre las ventas que ambas partes deseamos, aunque trabajando en conjunto y estando preparados y acompañados de profesionales, seguro que conseguiremos alcanzarlas.

Estimado escritor o escritora, te invitamos a que disfrutes de esta obra y aprendas todo lo que necesitas saber desde que empiezas a escribir tu libro hasta que el editor te pague tus derechos de autor.

Antes de comenzar, queremos aclarar que todo lo que te vas a encontrar son generalidades. Estas abarcan la manera habitual de proceder según nuestra preparación y lo que vivimos día a día en nuestra editorial.

Caminante, no hay camino, se hace camino al andar.

ANTONIO MACHADO

Poeta español, el más joven representante
de la generación del 98

1. La industria editorial

En este primer capítulo vamos a abordar muchos temas, quizás es la parte más teórica, pero consideramos que es necesario para conocer el mercado editorial como corresponde, lo que te va a permitir estar mejor preparado y evitar errores en un futuro.

Tipos de editoriales

En primer lugar, queremos que conozcas los diferentes tipos de editoriales que existen. Es muy común pensar que todas son iguales y hacen lo mismo, por lo que acabamos acudiendo a la primera que se nos cruza por el camino o a aquella en la que trabaja algún conocido nuestro. Pero ¿es esa la más adecuada para ti? Seguramente no.

Es clave que no te precipites en esto, ya que, luego, esta relación se puede alargar años en el tiempo y es importante que, además de que la editorial elegida sea la más adecuada para ti, sientas que está alineada contigo porque pueden ser años de un trabajo en el que disfrutes de la experiencia o, por el contrario, se puede convertir en una tortura. Por eso vamos a conocer los tipos que existen.

Primero las clasificaremos por el tipo de capital que las financia. En este aspecto existen dos tipos de editoriales.

Editoriales públicas

Son aquellas que funcionan con capital público. Como ejemplos podemos poner las universitarias, de ayuntamientos, de ministerios o de cualquier institución pública con un departamento de publicaciones.

La finalidad de estas editoriales no es obtener un rendimiento económico, sino publicar obras que son necesarias, pero que posiblemente no van a interesar a ningún sello privado, ya que nunca van a ser rentables. En ocasiones, el escritor puede considerar que publicar bajo este tipo de editorial le va a llevar a obtener más prestigio, por ello hay que tener claro el motivo por el que uno ha decidido publicar el libro o escribir, ya que esto le hará decantar la balanza.

Aquí podemos encontrar, por ejemplo, crónicas municipales, estudios universitarios, libros sobre la flora y la fauna de una región, y muchos otros ejemplos.

Volvemos a remarcar que son obras necesarias, pero que por su coste comparado con las ventas que se van a conseguir nunca van a ser rentables, por ese motivo se realizan con dinero público.

Muchas de estas editoriales en ocasiones colaboran con empresas privadas que les ayudan a sacar adelante sus proyectos, ya sea subcontratando o haciendo coediciones. Además, si se hace mediante coedición con una editorial que tiene una distribución adecuada se le dará al libro una visibilidad que de otra manera no tendría.

Trabajar con una editorial pública puede suponer para el autor reconocimiento, prestigio o ahorro si se estaba planteando una autoedición, pero nunca podrá aspirar a la distribución o promoción que podría tener con una privada, ya que, generalmente, las públicas lanzan el libro, pero no continúan con el resto de los procesos que siguen las privadas.

Editoriales privadas

Estas editoriales son empresas privadas, por lo que su finalidad siempre va a ser obtener un rendimiento económico de todos los proyectos que publiquen. Tienen que ser rentables, si no, difícilmente tendrán continuidad a medio o largo plazo. Obviamente no siempre se conseguirá, pues cada proyecto es una apuesta que, al final, va a depender de las ventas alcanzadas. Y es que, hoy en día, que un libro sea de gran calidad no es suficiente para que se venda bien.

Una editorial privada, generalmente, se va a especializar en unos temas concretos y, basándose en ellos, va a hacerse su plan editorial. Sobre él decidirá los proyectos que quiere publicar, pero siempre con el objetivo de que a final de año los ingresos sean mayores a los gastos, y es que, para que la editorial tenga continuidad, sus libros, o al menos un buen porcentaje de ellos, deben ser rentables. Una excepción será que estemos hablando de una editorial tradicional pequeña o no profesionalizada en la que el editor o editora tiene otra fuente de ingresos y esto lo hace por afición.

En la siguiente tabla podemos analizar el peso que han tenido en España las editoriales públicas y privadas:

	2008	2009	2010	2011	2012	2013	2014	2015	2016	2017	2018	2019
Agentes Privados	2892	3032	2994	2988	2835	2750	2786	2649	2722	2720	2785	2864
Agentes Públicos	580	532	529	476	352	336	323	314	304	312	327	305
Producción Pública (%)	9.8	8.6	8.0	7.0	7.5	9.0	9.0	10.1	9.6	8.6	9.2	9.6
Producción Editorial	104223	110205	114205	111907	104724	89130	90802	79397	86000	89962	81228	90073
ISBN Concedidos	86949	91768	95559	96862	90978	76803	79224	79397	86000	89962	81228	90073

FUENTE: FEDERACIÓN GREMIOS ESPAÑA
Federación de Gremios de Editores de España
(federacioneditores.org)

También podemos clasificar las editoriales por los temas sobre los que publican. Como comentábamos anteriormente, es difícil encontrar empresas que publiquen de todo y, en el caso de que lo hagan, no les va a resultar fácil promocionar, distribuir y vender sus textos de una forma adecuada. Por ello, te diríamos que, generalmente, si una editorial tradicional no está mínimamente especializada, deberías dudar de ella.

Por señalar diferentes ejemplos podemos encontrar editoriales especializadas en:

- Narrativa
- Libro infantil y juvenil
- Ensayo
- Libro técnico
- Libro de texto

Y un largo etcétera.

Sobre esto nos extenderemos más adelante. Es importante saber que, cuando llega el momento de buscar editorial para tu obra, no puedes enviarla a todas de forma indiscriminada: tendrás que seleccionar aquellas que trabajen en temas acordes con tu libro. Ese será tu primer filtro. Y es que un proyecto editorial no siempre es un proyecto literario.

También existe una clasificación de las editoriales según su tamaño. Las categorías que se suelen establecer son:

- Editorial pequeña: Se entienden por editoriales pequeñas aquellas que publican hasta 20 títulos al año y que suelen tener desde 1 trabajador autónomo hasta 5 trabajadores. Su facturación será menor de 1 millón de euros al año.

- Editorial mediana: Son aquellas que tienen entre 5 y 50 trabajadores, publican entre 20 y 99 títulos al año, y facturan entre 1 y 6 millones de euros al año.
- Editorial grande: Aquí se engloban aquellas que tienen más de 50 trabajadores y publican más de 100 títulos al año. Además, su facturación anual será mayor de 6 millones de euros.

En este punto también queremos definir algo que habrás oído más de una vez: ¿sabes qué es un grupo editorial?

Un grupo editorial es una sola empresa matriz a la que pertenecen varias editoriales. En España hay dos grandes grupos que se reparten la 50 % el mercado editorial: Planeta y Penguin Random House. A ellos pertenecen muchas de las editoriales más importantes del país. La mayoría de estas empezaron siendo sellos independientes y, cuando empezaron a destacar, los grandes grupos, al ver que encajaban en su estrategia, decidieron comprarlas.

Generalmente la forma jurídica de estos grupos es una razón social única que engloba a diferentes sellos editoriales (marcas). Esto es más habitual de lo que creemos y no solo en nuestro sector, al fin y al cabo, es una estrategia multimarca, es decir, una empresa que bajo una misma organización desarrolla y promociona diferentes identidades. De esta manera ocupan más el mercado. Un gran ejemplo de esto puede ser Google, empresa que todos conocemos, que tiene marcas como YouTube, Gmail, Drive, Maps, Calendar, etc. Otro buen ejemplo puede ser el grupo Inditex, que tiene las marcas Zara, Pull&Bear, Massimo Dutti, Bershka, Stradivarius, Oysho y Zara Home.

Además de esos dos grandes conglomerados de la edición, también existen otros grupos editoriales en España que han ido adquiriendo sellos independientes poco a poco.

Una vez que hemos aprendido acerca de los tres modos de clasificar las editoriales, vamos a conocer qué es la propiedad intelectual y qué son los derechos de autor.

La propiedad intelectual y los derechos de autor

Antes de adentrarnos en la teoría, es importante resolver una duda con la que se encuentran la mayoría de los autores con los que trabajamos. Muy frecuentemente nos consultan, «¿He de registrar los derechos de autor de la obra?», lo que es una pregunta incorrecta, ya que los derechos de autor no se registran. La confusión se produce al no distinguir entre derechos de autor y propiedad intelectual.

Es muy importante que, antes de que empieces a mover tu obra entre editoriales, lectores, correctores, plataformas, etc., conozcas estas diferencias, ya que de tener claros estos conceptos depende el beneficio que puedes obtener de ella una vez firmes el contrato de edición.

Ahora sí, ¿qué es la propiedad intelectual?

La propiedad intelectual, según el Ministerio de Cultura, es «el conjunto de derechos que corresponden a los autores y a otros titulares (artistas, productores, organismos de radiodifusión...) respecto de las obras y prestaciones fruto de su creación».

La propiedad intelectual establece quién ha sido el creador de una obra y también sirve para protegerse ante posibles denuncias de plagio o para evitar que alguien nos copie.

- Si alguien afirma que la obra que has publicado es de creación suya, el conflicto se dirimirá viendo quién ha registrado la obra (o la ha publicado) antes. Y esto determinará a quién pertenece la propiedad intelectual de esa obra.
- Si, por el contrario, ves que alguien ha publicado tu obra bajo su nombre, el tenerla registrada te permitirá demostrar que la propiedad intelectual es tuya y así poder hacerle las reclamaciones pertinentes.

La propiedad intelectual no es transferible, solo determina quién ha sido el creador de la obra. Por esta razón, en ningún caso se puede ceder al editor.

Muchos escritores nos preguntan si les recomendamos registrar su obra en el registro de la propiedad intelectual. Este es un trámite que no es obligatorio, pero sí recomendable, sobre todo teniendo en cuenta que es sencillo y económico. Con él te aseguras la propiedad y que nadie va a poder copiarte ni reclamar la autoría de tu obra.

Existen diferentes registros, pero siempre recomendamos hacerlo en la oficina de registro de tu provincia, ya que así va a servir para siempre y a nivel mundial. Además, el trámite se puede hacer *online*.

¿Qué son los derechos de autor?

Los derechos de autor recogen el derecho que tiene este de la propiedad intelectual para explotar su obra. Estos derechos sí que son transferibles, por lo que el autor de la propiedad intelectual puede cederlos a quien él quiera para que pueda explotarlos.

Nosotros nos centraremos en el caso del mundo del libro, pero la misma ley recoge y protege a los creadores musicales, teatrales, cinematográficos, etc.

Los derechos de autor es lo que te va a permitir negociar con la editorial la remuneración que vas a recibir por su cesión para su conversión y comercialización en formato libro, ya que es el propietario de estos derechos de la obra (recordemos que son transferibles) quien negociará con la editorial todas las condiciones para que esta obra sea llevada al formato que corresponda (libro físico / libro digital / audiolibro o cualquier combinación de ellos), conversión a obra audiovisual o cualquier otra transformación que pueda surgir.

Dentro de esta negociación, que quedará reflejada en el contrato editorial, se definirán todas las condiciones que se hayan tratado entre el propietario de los derechos de autor y la editorial. En él ha de aparecer cualquier acuerdo al que se llegue, pero, como mínimo, para que sea válido, se ha de especificar lo siguiente:

- Fecha de inicio del contrato.
- Fecha de fin del contrato (el cual puede ser renovable).
- Remuneración que va a recibir el propietario de los derechos (*royalties* —también conocidos como «regalías»—), ya sea como anticipo, como un precio fijo pactado, por ventas, cesión gratuita, etc.
- Si la cesión de los derechos es o no exclusiva.
- El territorio para el que se ceden los derechos.
- El número mínimo y máximo de ejemplares impresos.
- La forma en que se van a distribuir los ejemplares: los que se van a reservar al autor, a la crítica y a la promoción de la obra.
- El plazo en el que se pondrá la obra a la venta.

Has de tener en cuenta que, si firmas un contrato editorial que no tenga todas estas clausulas como mínimo, podría ser considerado nulo.

A partir de aquí se puede añadir cualquier acuerdo al que lleguen autor y editor. Algunas cláusulas comunes son:

- Tipo de reproducción: papel, *ebook*, audiolibro.
- Idiomas en los que se va a publicar el libro.
- Derechos del editor que se negociarán con terceros en caso de adaptación de la obra a película, teatro, etc.
- Potestad del editor de vender los derechos de autor a un tercero de otro país o de otra lengua.
- Plazo de entrega.

- Reimpresiones.
- Resolución de conflictos.
- Etc.

También has de saber que los derechos de autor son un bien del propietario, por lo que habrás de declarar anualmente a Hacienda los beneficios que recibas por ellos.

Como curiosidad, también hay casos en los que los derechos de autor se han usado como garantía hipotecaria.

Los derechos de autor son heredables, por lo que, tras la muerte del propietario, pasan a sus herederos, que serán los beneficiarios durante los siguientes 70 u 80 años, dependiendo de la obra y del país. Una vez transcurrido ese tiempo desde la muerte del autor, la obra pasa a dominio público.

Las traducciones, fotografías, canciones, cuadros, etc., también tienen derechos de autor. Por eso solo podremos usar para nuestra obra los que son nuestros, los que nos han autorizado a usarlos o los que están libres de derechos, pero nunca debemos tomar este material de internet (o de cualquier otra fuente) para nuestro uso sin tener esto claro.

Los tipos de edición

Ahora ha llegado el momento de que tomes papel y boli para empezar a tomar notas, si es que todavía no lo has hecho.

Cuando hablamos del modelo de edición, todos pensamos en el más conocido, que es el modelo tradicional. De hecho, todo lo que hemos explicado en este libro hasta llegar a este punto lo hemos hecho siempre pensando en la fórmula tradicional, pero también existen otros modelos que han crecido mucho los últimos años y tienden a seguir haciéndolo. Podemos decir que, a día de hoy, existen principalmente cinco modelos de edición, que son los siguientes:

- Tradicional
- Coedición
- Autoedición con editorial
- Autor-editor
- Impresión bajo demanda

El modelo tradicional

Como su propio nombre indica, es el que se ha usado «toda la vida», en el que el autor manda su original al editor, este decide apostar por la obra, asume la inversión total, la distribuye, la comercializa y le paga al autor un porcentaje de las ventas o una cantidad cerrada por la compra de los derechos.

Lo habitual en este tipo de edición es que el porcentaje que cobra el autor (*royalties*, regalías o, como también se le conoce, derechos de autor) vaya desde 6 % hasta el 12 %, aunque pocas veces pasa del 10 %. Este porcentaje se suele calcular sobre el precio de venta al público (PVP) sin iva por libro vendido, aunque algunas editoriales pueden hacerlo sobre el neto de las ventas.

Pongamos un ejemplo: si tu libro tiene un PVP de 20 €, IVA incluido, resultando 19,23 € si le quitamos el IVA (que es el 4 % en España), suponiendo que tus derechos de autor acordados en contrato sean del 10 %, te corresponden 1,923 € por libro vendido.

En este modelo, es el editor quien corre con todos los gastos de la edición, distribución, promoción y comercialización de la obra. En el momento que al autor se le pide que aporte un solo euro para cualquiera de estos procesos, deja de ser un modelo tradicional para convertirse en un modelo de coedición, que vamos a ver más adelante.

Las editoriales que trabajan con el modelo tradicional suelen tener mucha más aceptación en librerías y medios de comunicación, ya que estos dan por hecho que ya ha hecho un filtro previo de las obras y las ha trabajado debidamente durante el proceso de edición, sobre todo en los procesos de *editing* (revisión y mejora del texto) y corrección (ortotipográfica y de estilo). Debido a esta aceptación por parte de librerías y medios de comunicación, son las editoriales tradicionales las que tienen más facilidad de hacer llegar sus obras a los lectores.

Por otro lado, como la editorial ha hecho una importante inversión económica en la edición del libro, van a trabajar y destinar todos sus medios para rentabilizar al máximo esta inversión, lo que significa que van a intentar vender cuantos más libros mejor, lo más pronto posible.

Pero como autor has de saber que es el editor quien, al hacer él toda la inversión de la obra, va a decidir sobre todos los puntos de su edición, distribución, promoción y comercialización. Puede escucharte y tener en cuenta tus consideraciones, pero va tener la última palabra en puntos como:

- Fecha de publicación de la obra. Es raro que el libro se publique inmediatamente después de la firma del contrato. Lo normal es que la fecha de publicación sea, como mínimo, a un año vista. Por supuesto, esta ha de ir recogida en el contrato de edición. Deberías recelar del hecho de que una editorial tradicional te publique el libro en el momento.
- Título final del libro. Muchas veces el editor lo cambia buscando uno que considere más adecuado para el mercado.
- Formato (rústica, cartoné, con o sin solapas, etc.)
- Diseño de portada y maquetación interior.
- Precio del libro.
- Estrategia de promoción de la obra.

Has de tener en cuenta también que un editor tradicional no va a destinar los mismos recursos a todas las obras. Generalmente, invertirá más en las que crea que tienen más posibilidad de ser un éxito, y menos en aquellas sobre las que tenga más dudas. No deberías esperar que hagan con tu obra lo mismo que sabes que han hecho anteriormente con las de otros autores.

A pesar de que acabamos de decir que la editorial va a hacer todo lo posible para vender el libro lo más rápido que pueda, si tras un tiempo no muy largo —generalmente seis meses debido al funcionamiento de los canales de distribución, que explicaremos más adelante— ve que tu libro no ha funcionado como esperaba, probablemente dejará de apostar por él y pasará a trabajar en nuevos proyectos. Por ello, ese primer medio año va a ser crucial.

En este modelo de edición, tú, como autor, deberías tener la posibilidad de hacer una compra de libros si quieres ejemplares para tus compromisos. Esto debe ser solo una posibilidad, ya que, si hay un mínimo de obligación o compromiso, estaremos hablando de otro tipo de edición, no será un modelo tradicional. La compra de estos libros la harás con un descuento especial, el editor nunca deberá venderte tus libros al PVP, sino que practicará un descuento que puede rondar entre el 30 % y el 40 %.

El modelo de coedición

Es una variación del tradicional que ha crecido mucho los últimos años debido, sobre todo, a la crisis del año 2009 y su repercusión en el mundo editorial. Esta forma de edición se distingue porque los gastos del libro son cubiertos por el editor y en una parte también por el autor. En estos casos el editor le pide al autor una aportación económica para publicarle el libro, pero esta ha de ser inferior al coste de la edición porque, en ese caso, sería una autoedición con editorial camuflada.

El modo de tu aportación económica como autor puede ser «altruista» o también una cantidad a cambio de la cual la editorial te da una cantidad de libros, a veces a su PVP o a veces con un descuento. Según la editorial o el proyecto, se aplica un modelo u otro.

Nosotros recomendamos que no aceptes nunca una propuesta donde tengas que hacer una aportación económica altruista —sin recibir nada a cambio—, ya que, si la obra funciona bien, el editor recibe sus beneficios de esa inversión y tú no; y, si la obra funciona mal, el editor recibe ingresos, aunque sean pocos, pero tú tampoco recibirás ningún tipo de ingreso por tu inversión.

Por norma general, en estos caso, el porcentaje de derechos de autor o *royalties* son los mismos que en el caso de edición tradicional.

En algunos casos, ya que el autor ha corrido con parte de los gastos de edición del libro, la editorial va a tener mucho más en cuenta su opinión en aspectos como la fecha de publicación, el precio de venta, etc., pero por norma general será siempre el editor quien tenga la última palabra en cada decisión que haya que tomar.

Como las editoriales que trabajan la coedición muchas veces son también las que hacen edición tradicional, su prestigio ante librerías y medios de comunicación no se ve comprometido, por lo que van a tener mayor facilidad que las de autoedición para colocar el libro en los puntos de venta y conseguir reseñas y entrevistas en medios de comunicación.

Igualmente, la inversión y apuesta por el autor dependerá también de su prestigio o de la fe que tengan en el proyecto, la cual no será tan grande como la que tienen en otros libros tradicionales, ya que por eso han pedido al autor una aportación económica.

Pero también hemos de tener en cuenta que, aunque el autor haya hecho una inversión en el libro, si tras el tiempo de distribución no ha funcionado y las librerías y distribuidoras empiezan a devolver ejemplares al editor, lo más normal es que este deje de apostar por él, ya que va a ser muy difícil hacer que funcione.

Debido a casos de mala praxis que observamos en la actualidad, te recomendamos que, si un editor te propone hacer una coedición, es decir, abonar algo, comprar libros, comprometerse a una venta o tener un objetivo de ventas para hacerle más libros, etc., previamente solicites un presupuesto a una editorial de autoedición para contrastar realmente hasta qué punto la inversión que te solicitan es algo simbólico o supone abonar la totalidad o un porcentaje muy alto de la inversión de una forma disfrazada. Lo decimos por experiencia porque te puedes llevar sorpresas. En nuestra web de NPQ Editores podrás calcularlo de una forma sencilla y sin coste, puedes usar nuestra herramienta con libertad.

También, puede ser interesante que, si te han hecho una propuesta como la comentada anteriormente, antes de decidirte, investigues un poco sobre la editorial y busques opiniones sobre ella en internet para saber si realmente van a cumplir con tus expectativas. Pero no te creas todo lo que leas en Internet, pues a menudo los autores se quejan de su editorial sin conocimiento de causa, o si les ha descartado un original, puede que no sean justos en valorarla por simple «despecho»; pero si una misma opinión se repite mucho, eso ya te debe hacer pensar.

¿Cómo conocer más sobre una editorial? Pues hoy en día lo tienes casi todo al alcance de un clic. Por ejemplo, puedes empezar buscando en Google las reseñas de la marca, si no tienen la opción de dejar valoraciones y poner las famosas «estrellitas» de una forma abierta al público, esto a nosotros personalmente ya es algo que nos llama la atención, por no decir que nos resulta sospechoso. Otra opción es que revises su web, sus redes sociales, su reputación en blogs, etc. También es buena idea pedir opiniones a otros autores que hayan publicado con esa casa, al menos dos, ya que así podrás tener diferentes puntos de vista.

Para conocer si esa editorial con ese modelo de edición es la adecuada para ti, te recomendamos en este caso y en el anterior que primero revises tus preferencias con la forma en la que trabaja. Por ejemplo, imagina que para ti es muy importante tener el libro digital, pero la editorial que estás analizando no lo hace: pues habrá que tacharla de la lista. O, por ejemplo, para ti es importante que te representen en el extranjero en ferias profesionales, tendrás que averiguar si lo hace. Lo mismo si quieres publicar tu libro en dos o más idiomas. Y así, haces el análisis con cada una de tus preferencias para ponerlas en la balanza y valorar cuál resulta más adecuada para ti.

El modelo de autoedición con editorial

Es aquel en el cual contratas a una editorial para que te publique tu libro. Como corres con todo el coste de la edición y la producción, todos los libros son de tu propiedad. En ese caso, aunque seas quien corre con los gastos, se suele publicar con el sello e ISBN de la editorial, ya que esta luego puede distribuir tu libro, pero para poder hacerlo necesita que se publique con el ISBN de la editorial. Algunas de ellas te ofrecerán un servicio de distribución y promoción del libro. Si para ti esto último es importante, te recomendamos que analices en redes, plataformas y librerías si lo que hace esa editorial realmente cumple con tus expectativas. En webs como www.todostuslibros.com puedes averiguar cuántos títulos de esa editorial se encuentran físicamente en librerías.

En este caso, si la editorial hace la venta, el porcentaje de derechos de autor o *royalties* suele ser más elevado, ya que eres tú quien ha hecho la inversión; por otra parte, de los libros que vendas directamente, te debes llevar el 100 %.

Editoriales de este tipo hay muchísimas en España, por eso, como hemos dicho en el apartado anterior, es importante que investigues para ver cuál se adapta más a tus necesidades.

Debido a que la gran mayoría de las editoriales de autoedición no hacen un filtro previo de las obras que publican ni exigen al autor que contrate una corrección de textos, las librerías y los medios de comunicación más importantes son reacios a trabajar con los libros publicados por estas editoriales. Todo ello hace que la distribución, la promoción y la comunicación del libro sea mucho más difícil que en una editorial tradicional o de coedición, pero mucho más fácil que en el caso de una autor-editor.

Debes saber que, si le mandas tu original a una editorial de autoedición esperando una valoración, su respuesta posiblemente sea muy positiva: estas empresa tienen un interés comercial, por lo que nunca te van a dar una valoración adecuada y objetiva.

En estos casos nosotros personalmente siempre os recomendamos contratar la corrección del texto a un profesional o a la editorial, si es que disponen de personal cualificado en esas tareas, ya que muchas editoriales conocidas de autoedición tienen correctores de prácticas, y no profesionales, para poder dar así precios mucho más económicos.

Publicar con sellos de autoedición tiene sus ventajas, pues te permite ser dueño de tu libro y decidir sobre cada punto de su edición: cuándo lo vas a publicar, el diseño de las portadas y del interior, las calidades del libro, el precio de venta, cómo promocionarlo y un largo etcétera. Podemos decir que aquí vas a ser también el editor, pero echando mano de profesionales del mundo editorial que te van a asesorar en cada momento. Otra ventaja es que tendrás tus propios ejemplares para venderlos directamente, fuera del canal de librerías, en eventos, en charlas o en formaciones.

En este caso, si has pedido al editor que distribuya y te ayude con la promoción del libro, aunque tras un tiempo no haya funcionado en las librerías y lleguen todos devueltos, el tiempo de vida del libro será el que tú decidas, ya que puedes seguir comercializándolo con la ayuda del editor en otro tipo de eventos, como, por ejemplo, ferias o firmas en grandes almacenes y librerías.

Otra de las ventajas del modelo de autoedición con editorial es que, si eliges una que realmente te ayude con la distribución y promoción de la obra (sí, las hay, pocas, pero las hay), te va a ayudar mucho para que puedas conseguir tu objetivo de ventas, aunque tú como autor también tendrás que moverte mucho.

Muchas veces, los lectores o libreros tienden a pensar que un libro autoeditado es un libro sin calidad, escrito por alguien que no ha conseguido encontrar editorial, y eso no es correcto. Como hemos dicho antes, los libros autoeditados no han tenido un filtro previo, pero los hay de mayor y de menor calidad. Eso debería ser el lector quien lo decida tras leerlo, no simplemente por su modelo de edición. Además, para gustos, los colores.

Hay autores que hoy están en la historia de la literatura que no encontraron inicialmente editorial y tuvieron que empezar autoeditándose, ya que la autoedición existe desde hace siglos. Los editores nos equivocamos mucho, como cualquier otro, y casi todos hemos descartado obras que posteriormente se han convertido en éxitos, por lo que el hecho de que uno o varios editores de tradicional rechacemos una obra no significa que no merezca ser leída.

También hay muchos autores que han empezado autopublicando y posteriormente han sido las grandes editoriales tradicionales quienes han ido a buscarlos para publicar su siguiente libro debido al éxito cosechado.

Llegados a este punto, recomendamos un libro de Santiago Posteguillo titulado *La noche que Frankenstein leyó el Quijote*, donde, entre otros autores, menciona a varios que tuvieron que autopublicarse o que fueron rechazados decenas de veces antes de ser aceptados por editoriales tradicionales y que actualmente son estudiados en centros educativos de todo el mundo.

Se autopublican por voluntad propia muchos autores por diferentes motivos, por ejemplo, el que no quiere esperar a los plazos de las editoriales tradicionales o el que quiere decidir sobre todos los aspectos de la edición. También los hay que van a influir tanto en la venta directa de su libro que prefieren hacer la inversión inicial para luego poder obtener márgenes más grandes de cada venta, o autores que quieren comercializar también ellos su obra a través de charlas o talleres.

Por último, también encontramos autopublicados géneros que tienen ventas tan testimoniales en España que no existen casi editoriales tradicionales que los trabajen.

Dentro del modelo de autoedición con editorial, ha aparecido muchísimo intrusismo, ya sea de imprentas o de personas que han querido crear una editorial sin tener ninguna formación o experiencia. Por eso, a pesar de que hay cientos de editoriales de este tipo en España, muchas de ellas aparecen y desaparecen. Esa es la razón de que, antes de elegir una, recomendemos que las estudies bien y que veas su trayectoria. La gran mayoría de los autores que han acabado descontentos con el modelo de autoedición con editorial es porque han trabajado con ese tipo de empresas, que, al final, realmente eran solo imprentas, o no eran profesionales, y el autor se ha encontrado, después de un tiempo, con todos los libros en su casa sin poder distribuirlos.

Una vez hayas encontrado tu editorial de autoedición ideal tras revisar lo que acabamos de decir y lo comentado en el apartado anterior sobre la labor de investigación, deberías llamarles y pedirles que te aclaren todas las dudas, si es en una reunión presencial u *online* mejor que por teléfono.

Tras esto, conviene pedirles a todas un presupuesto de edición de tu libro para un determinado número de ejemplares con todos los procesos que quieres que hagan. Tras recibir esos presupuestos, valora el precio y lo que te ofrece cada uno para ver cuál es el que más te encaja con lo que quieres. Revisar el borrador de contrato que te manden también te ayudará a decidir, pues será una muestra de su profesionalidad. Otro punto que debes tener en cuenta son los plazos: tendrás que confirmar si llegarán a publicar el libro para la fecha que quieres.

Respecto al número de ejemplares que vas a imprimir, te recomendamos que escuches la opinión de tu editor, sin dejar de hacer tus cálculos, claro. Esto es lo que has de tener en cuenta:

- Todo lo que podrás hacer con tu libro. Esto quiere decir que, si vas a querer hacer eventos como presentaciones, firmas o ferias, necesitarás determinado número de ejemplares para ello; si, además, quieres distribución en librerías, necesitarás añadir otra cantidad; si quieres mandar libros a medios, también; y así sucesivamente. Nosotros, para hacer el cálculo inicial ideal de la primera tirada, siempre le preguntamos al autor «¿Por qué públicas?», y a partir de ahí les asesoramos sobre la mejor opción.
- El desembolso que vas a tener que hacer.

Eso sí, como primera tirada de un primer libro, nunca te recomendamos hacer más de 600 ejemplares. Siempre tendrás la opción de reimprimir.

Por último, como en los anteriores casos, deberás firmar un contrato de edición de la obra con todo lo que hayas pactado anteriormente y ya podrás empezar a trabajar con ellos.

El modelo de autor-editor

Es aquel en el que el propio autor se encarga de dirigir todo el proceso de edición, ya sea llevándolo él personalmente o subcontratándolo, y siempre bajo su propio ISBN, que tendrá que pedir al registro como autor-editor.

Este es el modelo que nosotros siempre desaconsejamos salvo que seas un gran conocedor del mundo editorial, ya que, aunque creas que te vas a ahorrar dinero, probablemente, al final no será así. Ten en cuenta que las editoriales, debido a nuestro volumen de trabajo y conocimiento del mercado, tenemos precios muchísimo mejores de imprenta, diseño y corrección del que podrías conseguir como autor individual. Esto hace que, aunque la editorial tenga que cargar su margen de beneficio a cada proyecto, el precio final casi con toda seguridad será mucho más barato que si lo contratas por tu cuenta, salvo, como ya hemos comentado, que seas un profesional o gran conocedor de nuestro sector.

Además, dejando de lado la cuestión económica, como autor-editor corres el peligro de cometer errores, ya que no hay un experto de edición que te supervise cada paso de todo el proceso.

Hay que pensar también que los procesos de promoción y distribución de la obra física serán mucho más difíciles, puesto que has de encargarte de hacer llegar los ejemplares a las librerías. Esto será relativamente fácil en las de tu zona, pero, a medida que salgas de tu comarca, provincia o comunidad autónoma se te va a complicar muchísimo tanto el envío de ejemplares como el seguimiento de los depósitos y las liquidaciones del libro. Esto siempre y cuando la librería esté dispuesta a aceptar libros de alguien que no les puede facturar salvo que se dé de alta como autónomo con el epígrafe editorial. Hay que tener en cuenta, además, que las librerías tienden a reducir el número de sus proveedores, por lo que prefieren trabajar con distribuidores y no con particulares.

Si solo has hecho el libro electrónico para subirlo a una plataforma en la que puedan comprar tu libro *online*, esto te ahorrará toda la inversión de la impresión y distribución; en contra, solo llegarás al lector de libro digital que te conozca o encuentre de alguna manera tu libro a la venta por un gran trabajo de posicionamiento, ya que aquí no se da lo que se conoce como compra por impulso (la explicaremos más adelante).

El modelo de impresión bajo demanda

Es un modelo utilizado sobre todo para que la plataforma fabrique cada ejemplar bajo pedido. Es decir, un lector entra en la plataforma, compra un libro, se imprime un ejemplar para él de forma individual y se lo mandan a su casa.

Respecto al funcionamiento que te afecta a ti como autor, has de subir a la plataforma el diseño del libro —algunas poseen un *software* específico para que puedas hacer el diseño desde la propia página web, pero este es muy limitado—, la misma página cede al autor el ISBN, y el archivo electrónico se sube a la web esperando que se compre. Estos libros hay que posicionarlos mucho y moverlos, sobre todo por redes sociales, que es donde más se suelen promocionar.

Como autor también puedes hacer pedidos para ti mismo desde la web, con un precio especial. Es muy difícil encontrar libros de este modelo de edición en las librerías salvo que contrates a la plataforma una impresión de libros que tendrás que pagar tú a precio de coste, que suele ser elevado por ser cantidades pequeñas, y llevarlo a las librerías que consigas.

Este modelo se suele elegir porque tiene las ventajas de que el autor no ha de invertir nada hasta que no quiera comprar libros y el comprador final puede adquirirlo fácilmente desde el portal; en contra tiene que es muy difícil promocionar un libro solo por internet, además de que la calidad de los ejemplares suele ser muy inferior a la que ofrecemos las editoriales.

Si no se te dan bien las tecnologías como para preparar el archivo como requiere cada plataforma, siempre puedes subcontratar a expertos o incluso editoriales de autoedición o empresas de servicios editoriales para que te lo dejen todo preparado.

El inconveniente principal de este tipo de venta es que, como en el modelo anterior, te pierdes la compra por impulso o la capacidad de gestionar ciertos eventos.

Hay que tener cuidado con las pruebas. Es decir, si como autor decides que primero, para probar qué tal funciona, vas a publicar tu libro con este sistema «y luego ya se verá». Cuando pasa el tiempo y quieres llevar ese mismo texto a una editorial, te vas a encontrar con que las tradicionales solemos exigir que el material sea inédito, por lo que te estarás cerrando muchas puertas. Si quieres poner en marcha esta opción, primero piensa bien a largo plazo qué es lo que realmente quieres conseguir.

Y, por último, hay editoriales de autoedición que ofrecen un servicio híbrido. ¿Qué queremos decir con esto? Pues imagina que quieres hacer una autoedición con una editorial, pero no cuentas con mucho presupuesto. En ese caso, puedes contratar una tirada pequeña con la editorial para posicionarla en librerías o para hacer eventos y que además te pongan el libro disponible en impresión bajo demanda. De esta forma, podrás comenzar sin hacer mucho desembolso.

Con todo esto, ya tendríamos claros los cinco tipos diferentes que existen de edición de un libro.

El precio de venta al público (PVP)

El PVP es el precio final al que se va a vender el libro, IVA incluido. Este, en ocasiones, se puede encontrar en la contraportada del libro.

En España la ley del libro determina el tipo de precio que tiene cada categoría de libro. Existen dos tipos: precio fijo y precio libre. Los únicos libros que tienen precio libre, desde hace no muchos años, son los libros de texto en las etapas de primaria y secundaria. El resto se catalogan como libros de precio fijo.

Tuvimos la primera ley del precio fijo en 1975, aunque hasta 2007 no se fijó la norma que actualmente está en vigor, la Ley 10/2007, de 22 de junio, de la lectura, del libro y de las bibliotecas.

Que un libro tenga precio fijo significa que el comprador final lo encontrará al mismo PVP en cualquier librería o comercio, aunque los comercios y portales web pueden hacer durante todo el año si lo desean un descuento de un máximo del 5 %, y de hasta el 10 % en las ferias del libro a las que les ha dado permiso el Ministerio de Cultura. También se podrá hacer un 10 % de descuento el Día del Libro, el 23 de abril. Este PVP siempre lo marcará el editor, en el caso de edición tradicional o coedición, y debe ser comunicado al registro del ISBN. El editor servirá los libros al distribuidor o a las librerías con un descuento para que estas vendan el libro a su PVP.

En cambio, cuando un libro tiene precio libre, como es el caso de los de texto, es el librero quien lo marca, por lo que el mismo texto lo puedes encontrar más barato en unas librerías que en otras. El editor, además, puede aplicar descuentos sobre ese precio de cesión. Esto ha provocado que las grandes superficies o plataformas puedan ofrecer los libros de texto más económicos que las librerías tradicionales al poder aplicarle un margen más bajo y conseguir descuentos sobre el precio de cesión según volumen. Incluso se ha llegado al extremo de que un gran almacén ofrecía un título a un precio menor que el de cesión del libro marcado por la editorial.

Si tu libro se ha publicado con una editorial de autoedición o servicios editoriales, lo habitual es que seas tú quien elija el PVP al que va a salir, independientemente de que ellos te asesoren. El PVP del libro se suele marcar en función del tema, del acabado del libro (formato, encuadernación y número de páginas) y del coste de fabricación. Si con todos estos factores aún no lo tienes claro, te recomendamos que vayas a una librería donde haya suficiente fondo de libros del mismo tema que el tuyo y observes el precio para los que tienen un acabado similar; eso te puede orientar.

El precio de venta de un mismo libro dependerá de su formato. Es decir, para un título en papel, nos podemos encontrar que la edición normal tenga un precio y la de bolsillo otro, normalmente más económico. Del mismo modo, la versión electrónica tendrá un PVP mucho menor que la de papel. El precio medio de un libro electrónico puede variar en función del autor, el tema y otros factores, pero la horquilla suele estar entre 2 € y 8 €.

En el caso del libro físico, también dependerá de muchos factores, pero, sobre todo, de la edición. Por ejemplo, la edición de bolsillo suele oscilar entre 8 € y 15 €; la horquilla de los de tapa dura, por lo general, va de 15 € a 25 €. En ambos casos hay que tener en cuenta el número de páginas. Lógicamente, a más páginas mayor precio.

El PVP de un libro no es una decisión que se pueda tomar a la ligera, ya que será muy importante para su venta y su rentabilidad: un PVP que el mercado considere caro hará que el libro no se venda, pero uno muy bajo hará que el editor no tenga beneficios, por lo que hay que afinarlo mucho. Manuel Pimentel en su libro *Manual del editor: cómo funciona la moderna industria editorial*, de Editorial Berenice, tiene un capítulo dedicado a cómo un editor debe marcar su PVP a través de determinados multiplicadores. Si quieres ampliar información al respecto, es un texto que te puede ayudar.

Los *royalties*

En los tipos de edición vistos anteriormente ya hemos hablado de los porcentajes que suele cobra un escritor, pero queríamos hacer un breve apartado para tratar este asunto porque es algo sobre lo que nos preguntan habitualmente.

Llamamos *royalties* a los ingresos que percibe un autor por las ventas de sus libros. Lo que le corresponde por este concepto y cómo lo va a cobrar se puede determinar de muchas formas, pero, sean cuales sean las elegidas, han de estar reflejadas siempre en el contrato.

La forma más común es la de pago de un porcentaje por la venta de cada libro. De forma general, el porcentaje se calcula respecto del PVP aunque luego el editor haga descuentos a distribuidores y libreros. Este porcentaje suele estar entre el 8 % y el 10 % del PVP, aunque hay casos con porcentajes menores e incluso mayores, de hasta el 12 % en ocasiones muy contadas.

Algunos editores prefieren calcular el porcentaje basándose en el precio neto de cada venta, es decir, no se calculará sobre el PVP del libro, sino que a este se le restará el descuento que le hace el editor a distribuidoras y librerías, y del importe resultante le pagará al autor un porcentaje acordado con él.

Lo más habitual es que la editorial pague estos *royalties* a final de cada año sobre las ventas totales en ese periodo. Pero también hay casos en los que autor y editorial pactan un adelanto, que cobrará el autor antes de la edición del libro y que se restará del importe total generado cuando se calculen los *royalties* anuales. Un ejemplo sería, si un autor ha cobrado un adelanto de 1500 € por su obra y a final de año los *royalties* generados son de 4000 €, cobrará a final de año los 2500 € restantes.

Cuando pensamos en cuánto podemos cobrar por *royalties* de nuestro libro, solemos imaginar las cifras astronómicas que vemos en las películas sobre escritores de Estados Unidos o el Reino Unido que cobran grandes cantidades y viven solo de escribir libros. Pero hay que tener en cuenta que allí los escritores ganan mucho más dinero que los autores españoles, ya que son países con muchos más habitantes, con mayores índices de lectura, con precios de venta de libros más elevados y con menos títulos publicados al año que en España, además de que esos mercados consiguen vender muchos más derechos de traducción a otros países que las editoriales españolas. Lo que queremos decir es que en España es muy difícil vivir solo de la escritura, muy pocos autores lo consiguen, incluso algunos muy reconocidos en España, además de sus ingresos como escritores, tienen otros trabajos complementarios. Si lo normal es cobrar entre 1,5 y 2 € por libro vendido, es sencillo calcular las cifras de venta anuales necesarias para poder vivir solo de la escritura.

Como comentábamos antes, a final de año se cierra el informe de liquidación de las ventas generadas en el año, esto se suele recibir sobre mediados de enero para poder incluir las ventas de los libros efectuadas en la campaña navideña, que aquí en España acaba el 6 de enero con las ventas por los Reyes Magos. Aunque el informe se genere en el mes de enero, las editoriales, según contrato, suelen realizar el pago a los tres o cuatro meses. Sea cual sea el plazo de pago, este ha de recogerse en el contrato.

Sobre el importe bruto generado que te han de pagar, la editorial realizará la retención que corresponda para la Hacienda Pública y tú tendrás que presentar en la declaración de la renta siguiente el informe de liquidación como un ingreso extraordinario donde se vea la retención aplicada por la editorial que pagará a la administración en tu nombre.

Alguna vez editoriales con problemas de tesorería suelen ofrecer a los autores el poder pagarles en especie como, por ejemplo, ejemplares de su libro. Mientras que las dos partes estén de acuerdo esto es correcto.

Es muy frecuente en libros que no han sido grandes éxitos de ventas que, en la liquidación del segundo año, estas hayan resultado negativas, algo que suele llamar la atención a los autores, quienes, al no conocer bien el funcionamiento del mercado editorial, creen que es un error. Y es que las ventas que declaramos las editoriales no son a lectores finales, sino a distribuidoras y librerías. Un tiempo después de recibir los libros, si no los devuelven, las editoriales las damos como vendidas, por lo que se las facturamos y se las cobramos. Pero estas distribuidoras y librerías, si no consiguen vender todos los libros, pueden devolverlos cuatro o cinco meses, o incluso un año, después y la editorial les tendrá que hacer una factura negativa. Por lo que, si las ventas del libro del segundo año son menores a las devoluciones recibidas por las librerías a las que se les facturó el primer año, la liquidación de ventas será negativa.

Vamos a poner un ejemplo práctico que nos ha ocurrido alguna vez y que ocurre en todas las editoriales que hacemos distribución física real, no solo bajo pedido. Si hemos conseguido de un título colocar como novedad en una cadena de librerías 250 ejemplares, 300 en otra y 450 en otra, esto hace un total de 1000 ejemplares que hemos facturado a estas librerías por lo cual al autor en cuanto llegue el momento se le declararán estas ventas. Pero realmente no son libros vendidos al consumidor final, son libros que se encuentran expuestos en sus estanterías. Si al año siguiente la primea cadena nos devuelve 100 ejemplares, la segunda 120 y la tercera 160 esto nos dará una devolución total de 380 ejemplares. Si durante este segundo año no hemos sido capaces de vender en otras librerías más de 380 ejemplares, las ventas del año de ese título serán negativas, provocando una liquidación negativa al autor.

Normalmente la editorial no te reclamará que devuelvas ese importe negativo y lo compensará con las ventas del año siguiente.

Reparto de beneficios (del PVP)

Llegamos a uno de los puntos más importantes del libro, y muchas veces también polémico. Y es cómo se reparte el importe cobrado por cada libro.

En nuestro sector, como hemos visto anteriormente, intervienen muchos profesionales que viven de él y cuya remuneración ha de salir de la venta de cada libro, es decir de su PVP. ¿Cómo se hace? Vamos a verlo.

Si partimos de la base de una edición tradicional, el precio lo indica el editor, y el distribuidor y el librero no pueden cargarle un margen, ¿de dónde sacan el beneficio entonces? Pues del descuento que hacen el editor al distribuidor, y este al librero. Por norma general, el editor suele hacerle un 55 % de descuento al distribuidor, y este a su vez, un 30 % a las librerías independientes y un 40 % a las grandes cadenas. Pero, si la editorial está empezando y la distribuidora es muy importante, ese descuento puede llegar hasta el 60 % o 65 %. En la literatura en castellano, las distribuidoras de Latinoamérica, suelen trabajar con el 60-70 % de descuento, ya que han de hacer frente a los gastos de transporte hasta su continente. Igualmente, si una librería independiente tiene unas ventas muy elevadas, suele tener mejor descuento de su distribuidor.

En el siguiente gráfico puedes verlo claramente a modo de resumen:

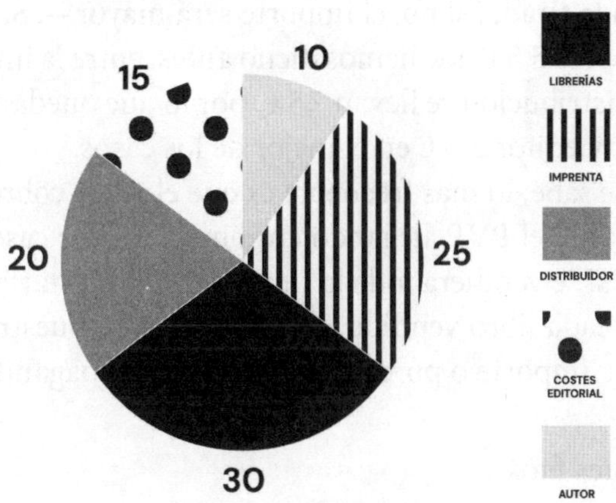

Vamos a ver un ejemplo de un libro con un precio final de 10 €. De estos 10 € hemos visto que el coste de distribución puede ser desde un 55 % a un 70 %. Por lo que, en este caso, entre 5,5 € y 7 € irán al distribuidor y al librero. Ninguno de los dos corre riesgos con el coste libro, ya que, si no lo venden, directamente lo devuelven y no les genera ningún gasto. Obviamente tienen otros muchos gastos: estructura, alquiler, sueldos, etc.

Otro agente muy importante en el sector del libro es la imprenta, que es la empresa a la que se le encarga la fabricación del libro. Normalmente el PVP de un libro se suele calcular teniendo en cuenta el coste de imprenta, y al precio unitario se le aplica un factor multiplicador, que suele ser mínimo de 6. Si, además, le sumamos el coste de edición del libro (diseñadores, ilustradores, correctores, etc.), el conjunto de coste de edición e impresión de un libro suele estar entre el 18 % y el 20 % del PVP. Este porcentaje realmente solo se cumple si se vende toda la tirada del libro, ya que la imprenta cobra su factura desde el primer momento sin importar si se vende un libro o cinco mil. Por eso, el porcentaje del coste de impresión irá bajando con cada libro que se venda, quedándose como lo óptimo en un 18-20 % con suerte.

Volviendo al ejemplo del libro a un PVP de 10 €, de cada ejemplar que se venda, 2 € irán para la imprenta —suponiendo que se venda toda la tirada; si no, el importe será mayor—. Si a estos 2 € le sumamos los 5,5 € que hemos dicho antes, entre la imprenta y el sector de distribución se llevan 7,5 €, por lo que quedan a repartir entre autor y editor 2,5 € en el mejor de los casos.

Como se sabe, lo más frecuente es que el autor cobre entre el 8 y el 10 % sobre el PVP, llegando en muy contados casos al 12 %, por lo que, si se vendiera toda la tirada, el editor estaría cobrando el 15 % de cada libro vendido, es decir 1,5 € en nuestro ejemplo. Pero de este importe o porcentaje el editor está pagando:

- Costes fijos
- Nóminas
    - · Diseñador
    - · Ilustrador
    - · Corrector
    - · Departamento de *marketing* y comunicación
    - · Almacén y logística
- Envíos
- Recogidas
- Costes comerciales
- Y mucho más.

Solo el impresor se asegura cobrar un beneficio del libro. En el caso de distribuidor, librero y autor, siempre van a cobrar un beneficio, aunque sea poco, de cada libro que se venda, ya que no han invertido dinero en él, aunque sí tiempo.

El editor ha invertido dinero y tiempo en el libro y, aunque cobre un 10-15 % de cada uno, realmente va a estar en pérdidas hasta que venda los suficientes para llegar a un punto de equilibrio, que depende del proyecto y de la inversión, y suele estar sobre el 60 % de la tirada. Es decir, que solo cuando se vende un 60 % de los libros impresos, el editor obtiene beneficios de ese proyecto. No hace falta decir que muchos libros no alcanzan ese porcentaje de venta, por lo que nunca llegan a ser rentables.

Resumen del capítulo

Este capítulo es sin duda el más teórico de todo el manual, puede que te haya resultado un poco farragoso, te aseguramos que el resto son más prácticos, pero este es necesario para llegar a entender bien cómo funciona esta industria.

Hasta ahora has aprendido que existen diferentes tipos de editoriales, estas se pueden diferenciar por:

- Tipo de capital que las financia
    - Privadas
    - Publicas
- Tema o género que publican
    - Narrativa

· Libro infantil y juvenil

· Ensayo

· Libro técnico

· Libro de texto

· y un largo etcétera

- Tamaño

  · Pequeñas

  · Medianas

  · Grandes

También hemos hablado sobre la propiedad intelectual y los derechos de autor. Has aprendido los cinco modelos o tipos de edición que existen hoy en día en el mercado editorial y sus ventajas e inconvenientes. Estos son:

- Tradicional
- Coedición
- Autoedición con editorial
- Autor-editor
- Impresión bajo demanda

Has aprendido lo básico sobre el precio de venta al público y los *royalties*; también cómo se reparte el PVP entre todos los que participamos en este sector.

Escribir es un acto de empatía,
una forma de conectar con los demás
a través de las palabras.

Chimamanda Ngozi Adichie
Escritora, novelista y dramaturga nigeriana

2. El libro

En este apartado nos vamos a centrar más en conceptos básicos que hay que conocer de nuestro mercado, empezando por el canal del libro.

El canal del libro

Cuando una persona que no conoce este mercado va a una librería, nunca se hará una idea de todos los profesionales que han participado para que todos los libros que ve en las estanterías puedan estar ahí.

El manuscrito va a pasar por más personas que dedos tenemos en las manos para llegar a ver la luz, y cada uno de ellos se debe llevar su margen, algo de lo que vamos a hablar un poco más adelante.

Vamos a enumerar los principales profesionales de los que estamos hablando:

1. AUTOR: eres tú, querido lector, quien crea la obra.
2. ILUSTRADOR: quien añade dibujos, pinturas, vectores, etc.

3. TRADUCTOR: traduce el texto del autor a los idiomas necesarios.
4. EDITOR: aquí vamos a incluir al editor, corrector, maquetador, diseñador, etc.
5. IMPRESOR: empresa que imprime los libros. Aquí, además, también incluiremos a la empresa papelera, la que fabrica la tinta, el encuadernador, el peliculador que lamina las portadas o el troquelador o manipulador en el caso de los libros con efectos especiales.
6. MENSAJERO: empresa que hace los envíos de la imprenta a la editorial, de la editorial al distribuidor, del distribuidor a la librería y luego vuelve a deshacer el camino en el caso de que haya devoluciones.
7. DISTRIBUIDOR: son los intermediarios entre la editorial y la librería.
8. LIBRERO: persona que se dedica a la venta de libros.

Llegados a este punto, creemos importante que sepáis, *grosso modo*, cómo funciona una librería. Es un establecimiento cuyo principal producto son los libros. Dentro de ellas podemos distinguir librerías independientes; cadenas de librerías, que son aquellas que tienen varios puntos de venta, y grandes superficies, que son establecimientos que además de libros venden otros muchos productos (típicamente hipermercados o grandes almacenes).

Todas estas librerías pueden vender libros de distinta forma:

- Venta de impulso. Es aquella que se produce cuando un cliente va a la librería sin saber qué va a comprar y, tras ver toda la oferta que hay expuesta, decide qué libro va a llevarse. Incluso a veces va acompañando a alguien sin tener la idea inicial de comprar nada, pero, al llegar al establecimiento, ve algo que le gusta y se lo acaba llevando. Por esto las editoriales consideramos muy importante

> que nuestros libros estén expuestos en las librerías: para que el libro adquirido en esa venta de impulso pueda ser uno de los nuestros. Un ejemplo sería si yo soy un lector al que le gustan las novelas históricas y quiero comprar una, pero no sé cuál. Iré a la librería a ver cuáles tiene, revisaré los que más me llamen la atención y, tras ver sus sinopsis, elegiré la que más me guste. También es posible que yo no busque un libro para mí, sino para regalarlo a un conocido.

Actualmente en España se publican alrededor de 90 000 títulos al año, por lo que es imposible que ni librerías ni cadenas ni grandes almacenes tengan ni una quinta parte de estos, por lo que las editoriales, cada vez que sacamos una novedad, peleamos para que esté en el punto de venta y lo mejor colocada posible. A esto le llamamos servicio de novedades: es el lanzamiento de un nuevo libro al mercado, en el que intentamos colocar el mayor número de ejemplares en todas las tiendas posibles de España y Latinoamérica.

Para ello presentamos las novedades a las librerías y son estas las que deciden si quieren que se las enviemos o no, ya que lo que hay en cada librería es, obviamente, decisión del propietario, como en cualquier negocio. En el caso de cadenas o grandes almacenes, son sus centrales las que deciden qué novedades quieren, quitándole capacidad de decisión al responsable de la sucursal. Estas presentaciones a veces las lleva a cabo la red comercial del editor y otras la red comercial del distribuidor, dependiendo de la estructura y organización de la editorial.

La otra forma principal en la que se puede vender un libro en la librería es cuando el cliente llega a ella sabiendo ya lo que quiere, ya sea porque ha oído hablar de él a un conocido, en algún medio de comunicación o porque se ha informado por su cuenta. En este caso el lector acude a la librería y le pregunta al dependiente si tiene ese libro en concreto. Si no lo tiene en *stock*, el lector lo encarga y el librero se lo consigue. Si es una editorial con una buena distribución y el libro tiene existencias, lo normal es que llegue en un par de días. El librero, sabiendo el ISBN y la editorial, puede averiguar dónde ha de encargarlo y conseguirlo rápidamente. Como este es un libro que va a acabar comprándolo el lector, salvo en contadas excepciones, es muy raro que pueda haber una devolución. La situación es muy distinta en los provenientes del servicio de novedades, ya que, en este caso, si el librero no consigue venderlo, acaba devolviéndolo al distribuidor y este al editor.

- Las ventas por encargo, dependiendo obviamente del tipo y tamaño de la librería, suponen sobre el 40 % de las ventas totales. Y, como hemos dicho antes, es muy raro que un libro comprado bajo pedido dé lugar a una devolución, por eso las distribuidoras prefieren los pedidos al servicio de novedades, ya que, al no haber casi devoluciones, todo lo servido es venta y se ahorran portes de enviar y recoger, así como servir pedidos y recoger devoluciones como en el caso de las novedades. Esto hace que para un editor novel o pequeño sea muy difícil encontrar una distribuidora que pueda hacerle bien el servicio de novedades.
- Otra forma que tienen las librerías de vender libros es a través de eventos. Con este término nos referimos a presentaciones, firma de libros del autor en la librería, clubs de lectura, etc.

En todos estos casos, la finalidad es vender libros: en una presentación porque, por norma general, el autor lleva gente a la librería (no nos engañemos, ni librería ni editorial suelen tener poder de convocatoria, por lo que el peso de esta recae sobre el escritor) y estos asistentes suelen acabar comprando el libro tras la presentación; en el caso de las firmas, el autor hace de cierta forma una fuerza comercial ofreciendo su libro a la gente que acude a la librería; y en los clubs de lectura, obviamente, los participantes han tenido que leer el libro antes de acudir.

Instituciones del mundo del libro

En primer lugar, empezamos enunciando instituciones para ofrecerte cultura general sobre este mercado:

FGEE

La Federación de Gremios de Editores de España es una asociación profesional de derecho privado creada en 1978 para la representación y defensa de los intereses generales del sector editorial español. Sus máximos órganos de Gobierno son la Junta Directiva y la Asamblea General, a la cabeza de los cuales está el presidente, que es elegido cada tres años. Para dar cumplimiento a los acuerdos adoptados por la Junta Directiva y la Asamblea General, la federación dispone de una Secretaría General.

La federación se dedica a objetivos inmediatos, como es la participación de editores españoles en ferias internacionales del libro o de la edición, o la difusión de material promocional de las editoriales y los libros; y a objetivos de mayor alcance, como el fomento de una zona de libre comercio para el libro editado en español, la defensa y promoción del español o la regulación del comercio y la producción de libros.

CEDRO (Centro Español de Derechos Reprográficos)

Las personas físicas que sean titulares de derechos de autor sobre al menos una obra impresa o digital pueden asociarse a CEDRO (libros, completos o en parte, trabajos y colaboraciones en publicaciones periódicas o partituras musicales). Estas personas físicas pueden ser titulares originarios de los derechos (escritores, traductores o periodistas) o titulares derivativos (por ejemplo, los herederos de los autores).

Ni la adhesión a CEDRO y ni la permanencia implican el pago de cuota alguna ni tampoco la cesión de derechos.

También las editoriales pueden asociarse a CEDRO.

Esta es la web: https://www.cedro.org/

FANDE (Federación de Asociaciones Nacionales de Distribuidores de Ediciones)

Es el órgano representativo del sector de la distribución de libros y publicaciones periódicas en España.

Creada en el año 1979, cuenta en la actualidad con más de ciento cincuenta compañías distribuidoras asociadas de toda España. Las empresas, integradas en FANDE a través de las tres asociaciones que forman parte de la federación (ADILE, ANDP y UDNE), se dedican a la distribución mayorista de libros, revistas, diarios y contenidos digitales, y constituyen el eslabón de la cadena comercial entre el editor y el punto de venta.

La actividad de FANDE se centra en la representación y promoción del sector de la distribución de ediciones, mediante el contacto con otras asociaciones del sector (editores y puntos de venta, básicamente), así como con las distintas administraciones públicas y organismos privados, tanto españoles como extranjeros, relacionados con el mundo empresarial en general, y el sector del libro y las publicaciones periódicas en particular.

CEGAL (Confederación Española de Gremios y Asociaciones de Libreros)

CEGAL fue creada en 1978 en el auge del asociacionismo que surgió con la llegada de la democracia. Entre sus fines preferentes se encuentra, desde entonces, la defensa de los intereses de los libreros y las libreras y la ordenación del comercio del libro.

En la actualidad, uno de los retos de CEGAL es contribuir al enriquecimiento cultural de la sociedad española mediante una difusión eficiente del libro. La confederación presta especial apoyo a la pequeña y mediana librería independiente, garantes de la diversidad cultural e ideológica.

Observatorio de la Lectura y el Libro

El Observatorio de la Lectura y el Libro es un organismo perteneciente al Ministerio de Cultura y Deporte, a través de la Dirección General del Libro y Fomento de la Lectura, que tiene el propósito de analizar permanentemente la situación del libro, la lectura y las bibliotecas en su conjunto, tal y como se establece en la disposición adicional segunda de la Ley 10/2007, de 22 de junio, de la lectura, del libro y de las bibliotecas.

UNESCO (siglas en inglés de Organización de las Naciones Unidas para la Educación, la Ciencia y la Cultura)

Su misión es contribuir a la paz y la seguridad en el mundo a través de la promoción de la educación, la ciencia, la cultura y la comunicación.

En segundo lugar, queremos hablar de las asociaciones de escritores. Habitualmente en cada comunidad autónoma hay una, a la que, por cierto, te recomendamos que intentes adherirte. Tendrás que ver los requisitos que necesitas para ello, ya que va a ser una fuente inagotable, si hacen bien las cosas, de ideas, contactos, información, agenda, etc.

Las generales de España son:

1. Asociación Colegial de Escritores de España (ACE)

Descripción: Es una de las principales asociaciones de escritores en España, creada para defender los intereses de los autores de cualquier género. Ofrece asesoramiento, formación y apoyo a los escritores.

Ámbito: Nacional.
Géneros: Todos los géneros literarios (narrativa, poesía, ensayo, etc.).
Sede: Madrid.
Web: www.acescritores.com

2. Asociación de Escritores y Artistas Españoles (AEAE)

Descripción: Fundada en 1871, es una de las instituciones culturales más antiguas de España. Fomenta la literatura y el arte, y organiza conferencias, exposiciones, presentaciones de libros y premios literarios.

Ámbito: Nacional.
Géneros: Literatura y otras formas de arte.
Sede: Madrid.
Web: www.aeae.es

3. Asociación Española de Escritores (ASE)

Descripción: Es otra asociación que promueve el trabajo de los escritores en España, y organiza encuentros, talleres y actividades culturales.

Ámbito: Nacional.
Géneros: Todos.
Sede: Madrid.
Web: www.asociacionescritores.com

4. Red Mundial de Escritores en Español (REMES)

Descripción: Es una plataforma internacional que agrupa a escritores hispanohablantes. Aunque no es exclusivamente española, tiene una importante participación de autores de España.

Ámbito: Internacional.
Géneros: Todos.
Web: www.redescritoresespa.com

Anatomía del libro

En este apartado vamos a analizar todas las partes de un libro, tanto del interior como del exterior. Seguro que las conocemos, pero hay aspectos técnicos que conviene repasar.

Estructura interior

Muchos escritores, cuando hacen llegar su obra para publicar a una editorial, les envían el texto del original y piensan que han terminado con el trabajo de preparación de la obra, pero no es así. En el libro, además del texto principal, hay otras herramientas que se pueden utilizar para «endulzar» el acabado, si nos permites la expresión, y otro tipo de contenido que, aunque no «endulza» es recomendable contemplar.

A continuación, vamos a trazar un «esqueleto» que nos va a servir de referencia para, por lo menos, saber lo que queremos tener en cuenta para nuestro libro.

Páginas de cortesía

Son las páginas preliminares, esas que aparecen al principio del libro, antes de que comience la historia.

Guardas

Las guardas (la unión entre la tripa del libro y la portada, junto a la cola en el lomo) las encontramos normalmente solo en los libros de tapa dura; se pueden usar también en los de tapa blanda, pero no es lo más común.

El libro llevará dos guardas:

1. **Guarda anterior**: Las cuatro páginas que están justo después de la portada del libro.
2. **Guarda posterior**: Las páginas que están justo antes de la contraportada.

De cada una de las cuatro páginas, la primera de ellas va completamente pegada a la portada, por lo que realmente solo quedan a la vista tres.

Estas tres páginas que quedan a la vista se suelen utilizar para poner ilustraciones, algún diseño decorativo, el título del libro o incluso los créditos.

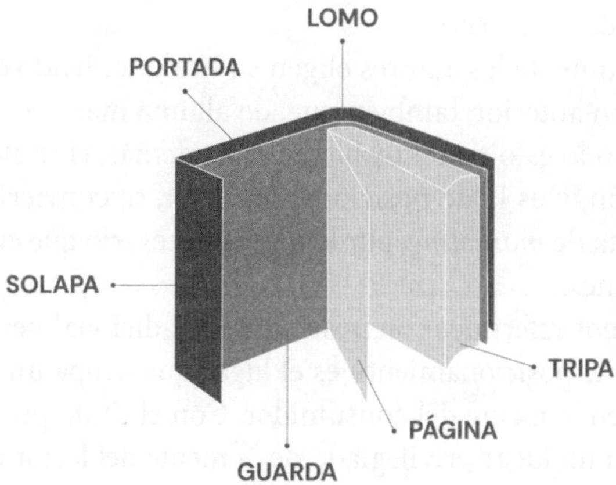

Portadilla

También llamada anteportada o frontis. Es la página que sigue a la portada de un libro, en la que normalmente se pone poco más que el título de la obra.

En este apartado que queda en blanco, justo debajo del título, es donde los autores suelen escribir una dedicatoria a mano al que compra el libro. El encuentro personal entre escritores y lectores que permite la dedicatoria personal y firma del libro normalmente suele ser la presentación, una firma de ejemplares, una feria o cualquier evento de este estilo.

Aprovechamos también este pequeño apartado en el que mencionamos el título para tratar una cuestión que suele resultar bastante peliaguda entre la relación autor-editor. Y es que el título es importantísimo y los editores muchas veces proponemos cambios en él con la única intención de mejorar la venta y el posicionamiento del libro, que sea memorable y original, basándonos siempre en nuestra experiencia. También es importante que sea de escritura fácil.

Según la Real Academia de la Lengua (o RAE, institución cultural dedicada a la regularización lingüística en el mundo hispanohablante), el título es la 'palabra o frase con que se da a conocer el nombre o asunto de una obra o de cada una de las partes o divisiones de un escrito'.

Habitualmente los autores eligen su título teniendo en cuenta la definición anterior, también que, de alguna manera, «resuma» la obra. Y todo esto está muy bien, pero, además, el título cumple otra función, y es la de posicionar, es decir, se convierte en una herramienta de *marketing*, por lo que es necesario que cumpla las tres funciones.

¿A qué nos referimos con posicionar? Tradicionalmente entendemos que el posicionamiento es el lugar que ocupa un producto o servicio en la mente del consumidor. Con el título pretendemos colarnos en un lugar privilegiado de la mente del lector que luego le permita, tras escuchar una entrevista en la radio, por ejemplo, llegar a una librería y recordarlo para comprarlo, o recomendarlo a un amigo, etc. También tenemos que posicionarlo en internet como si de cualquier otro producto o estrategia de *marketing* se tratara. Por ello, tiene que ser un título que tenga toda la huella digital que se pueda y más, que se encuentre en todas las plataformas de venta posibles y que tenga una buena reputación también *online*.

Textos legales

También llamados «créditos», es el único texto que la editorial aporta dentro del libro. Casi siempre van en la página de la izquierda justo detrás de la portadilla o anteportada. Es posible que en libros infantiles se encuentren al final, la cuestión es que es una información que siempre debe ir en el ejemplar.

La información que aparece en esa página suele ser la siguiente: todos los *copyright* que contenga el libro, datos de contacto de la editorial, ISBN, depósito legal, aviso legal o reserva de derechos, número de ediciones, dónde se ha impreso y datos de la traducción si la hay.

Vamos a aprovechar este apartado, ya que es donde por fin se menciona «el número de ediciones» para resolver una duda que nos plantean habitualmente: ¿cada cuántos ejemplares se cambia el número de la edición de un libro? Esto hace referencia al icono en la portada que nos indica el número de edición de la obra, dato que, como hemos comentado, también aparece en los textos legales.

Partimos de que esta pregunta que nos plantean los autores no tiene una respuesta clara porque no está establecido en ninguna norma. Las editoriales utilizamos el cambio de edición como una herramienta de *marketing* para demostrar que un libro se está vendiendo muy bien. Por lo cual, podemos encontrar editoriales que cambian de edición cada 100 ejemplares y otras que lo hacen cada 10 000. Eso dependerá del criterio que tengan marcado en cada sello y de lo rigurosos que sean con él.

Además, en muchos casos, las propias editoriales usamos el término *reedición* de forma incorrecta, ya que una reedición ha de tener una corrección de texto además de una ampliación, reducción, actualización o modificación de la obra. Y lo que se suele hacer realmente son reimpresiones, ya que se sacan más ejemplares sin hacer apenas modificaciones en la obra.

Llegados a este punto queremos hablar de los *bestseller* o, como diríamos en castellano, «más vendidos». ¿Cuándo un libro se considera *bestseller*? Utilizamos este anglicismo para hablar de libros que son superventas. Realmente no hay establecida una cifra que haya que alcanzar para que se le dé tal categoría a un libro. Al final, somos las editoriales las que utilizamos este término como herramienta de *marketing* para promocionar una obra que está teniendo unas ventas superiores al resto de las que hemos publicado. Se suele hablar como cifra orientativa de que para que un libro sea un *bestseller* tiene que haber vendido más de 25 000 ejemplares si se trata de una novela, y si es un ensayo cuando alcanza los 10 000 ejemplares vendidos.

ISBN

Asignar el ISBN forma parte de la tarea de legalizar un libro y, salvo en el caso del autor-editor, siempre lo tramita la editorial.

El nombre viene de las siglas de International Standard Book Number (número estándar internacional de libros), es un identificador necesario para cuando se le pretende dar un uso comercial al libro. Es importante saber que su única función es esa, por lo que no servirá como registro ni protección legal o de propiedad. En la actualidad en España no es obligatorio que un libro tenga ISBN, pero sí es muy recomendable si quieres que tu libro algún día pueda ser registrado por librerías, bibliotecas o grandes almacenes y venderse. Permite identificar un libro como si se tratara de la matrícula de un coche y saber el editor, la materia, el idioma, el país, etc.

Cada código está formados por 13 dígitos, que se calculan mediante una fórmula matemática y tienen 5 bloques en total.

Hasta la fecha, empiezan siempre por los tres dígitos 978 y desde hace poco también por 979 (a esto se le llama elemento prefijo), le sigue el identificador del país o un área geográfica y de la lengua, con entre 1 y 5 dígitos (a esto se le llama elemento grupo de registro) y en España siempre es el 84, le siguen los dígitos que identifican a un sello editorial, pueden ser hasta 7 (esto se denomina elemento titular), a continuación tenemos lo que define una determinada edición y formato de un título (esto se llama elemento de publicación), por último, tenemos un único dígito (de control) que valida el resto del código. Un ejemplo de ISBN sería el siguiente:

978-84-16900-47-3

Generalmente el ISBN debe ser solicitado por el editor que va a publicar el libro, pero en los casos de autor-editor también podrá conseguir él mismo su ISBN a través de la red mediante un formulario que encontrará en la agencia del ISBN una vez haya pagado los gastos correspondientes y entregado la copia del DNI/NIE/NIF.

Un mismo título puede tener dos ISBN diferentes. Esto puede deberse, por ejemplo, a que ha sido editado por dos editoriales o a que el formato ha cambiado.

En la obra se suele indicar el código ISBN, lo habitual es que sea en los créditos o en la contraportada.

Depósito legal

Este trámite forma parte de la tarea de legalizar un libro y, salvo en el caso de autor-editor siempre lo tramita la editorial antes de publicar el libro, como en el caso anterior. El número de depósito legal va incorporado en los créditos del libro o textos legales. Este dato le sirve al Ministerio de Cultura para analizar estadísticas sobre libros publicados y tiradas medias.

Dedicatoria

No es algo necesario, pero a muchos escritores les gusta dedicar su libro a alguien especial. Suele ser una frase muy corta que se sitúa suelta antes de que comience la historia en página derecha, y justo después de los créditos o textos legales.

Índice

Es la lista ordenada de los capítulos o apartados con los que hemos clasificado el libro y suelen ir acompañados del número de la página en la que se encuentran.

Prólogo

Preámbulo del libro, normalmente ocupa un máximo de un par de páginas antes de que empiece la historia. Puede estar escrito por el autor, pero lo realmente recomendable es que se encargue a una persona conocida en su sector o un escritor: alguien que aporte más valor al libro. También puede ser una persona especialista en el tema que trata el libro o que, por ejemplo, ha colaborado de alguna manera en aportar información necesaria al autor sobre el libro en cuestión. Siempre debe ir firmado con el nombre completo y el puesto, profesión o aquello por lo que sea conocida la persona.

Epílogo

Uno de los apartados que se pueden añadir al final en los casos de libros de ficción es el epílogo, pero no es algo necesario. Es como un capítulo más que se encuentra al final para cerrar la obra.

Agradecimientos

En ocasiones, al final del libro podemos encontrar los agradecimientos. En este punto se reconoce a todas aquellas personas físicas o jurídicas que de alguna manera han colaborado para que el libro vea la luz. No debe ocupar más de una página. Tampoco es un apartado que sea necesario incluir.

Bibliografía

Este apartado también se encuentra al final del libro. Normalmente se incluye en libros técnicos, de investigación o ensayo, pero en las novelas no es algo habitual. Consiste en hacer un listado de aquellas publicaciones que hemos consultado para poder escribir nuestro manuscrito.

Anexos

Solo en algunos casos, generalmente en libros técnicos, al terminar podemos encontrar anexos como tablas, vocabulario, organigramas, diagramas, etc.

Estructura exterior

Las cubiertas de los libros son muy sencillas y generalmente conocidas, por ello en este apartado describiremos sus partes muy brevemente.

Portada

La portada es lo que primero entra por los ojos del posible lector y por eso se dice que es el 80 % en la decisión de la compra de un libro. Es muy importante que capte la esencia que hay en el interior. Como es obvio, la portada suele llevar el título; subtítulo si lo hay; nombre del autor; nombre del ilustrador si lo hay; si el/la prologuista es famoso/a, a veces también se incorpora para conseguir llamar la atención; el número de la edición; y sello editorial. Si tu libro te lo va a publicar una editorial tradicional, lo normal es que ellos sean quienes decidan sobre su diseño, y tengan la última palabra al respecto.

Solapa delantera

Lo habitual es que, en la solapa delantera, que es la primera que nos encontramos al abrir el libro, esté la fotografía del autor y su biografía. No todos los libros tienen solapas, en ese caso, esta información se suele derivar a otro lugar. En nuestra opinión, el diseño de la solapa debe seguir la misma línea que el resto de las cubiertas para que no quede como un pegote.

Lomo

En el lomo se indica siempre el título del libro; en algunos casos, también el nombre del autor y el sello editorial. A menudo al lomo no se le da ninguna importancia, pero podríamos decir que, en realidad, es la segunda portada, porque en las tiendas, al final, la mayoría de los libros se encuentran colocados de manera que es lo único que se ve de ellos.

Contraportada

La contraportada también juega un papel fundamental para conseguir la venta del libro, y es que, en ella, además del código de barras del ISBN y el sello editorial, debe ir la sinopsis. Esta es un texto breve que debe resumir de qué trata el libro de tal forma que no desvele la trama al completo y cree mucho interés e intriga. Tiene que ser un gancho muy comercial.

Si un día te tomas tu tiempo en una librería observando al resto de los visitantes, podrás ver que el movimiento instintivo que hacemos todos al coger un libro que nos ha llamado la atención es girarlo para ver qué nos cuenta esa sinopsis, y esto, querido escritor, puede que sea lo que nos haga decidirnos o no por la compra de tu libro.

Solapa trasera

Por lo que respecta a las cubiertas, podría decirte que esta parte es la menos importante, salvo que tu libro sea un infoproducto o algo similar.

El infoproducto se usa para informar, formar…: en definitiva, conseguir resolver necesidades o problemas a usuarios, para lo que se necesita un espacio donde poner los datos de contacto del autor e incluso redes sociales, y este puede ser el adecuado.

En general, se suele utilizar para ampliar información sobre el libro, por ejemplo, la información de otro autor que ha participado, el anuncio de la segunda parte de esta historia, otros libros publicados por el autor, otros títulos de la colección, medios de contacto del autor o su web.

Sobrecubierta

También llamada sobrecamisa, es un papel impreso que cubre toda la cubierta y que entra hasta las solapas del libro cubriéndolo por completo.

Faja

Es una tira de papel impreso que atraviesa todo el libro. Su tamaño suele ser estrecho para que no tape la portada, pero que permita resaltar cierta información que nos interesa comunicar.

Con todo este vocabulario ya tenemos todas las partes del libro dominadas. A continuación, vamos a hablar sobre otro tipo de vocabulario.

VOCABULARIO ¿DES?CONOCIDO

El vocabulario que vamos a citar a continuación es más técnico y no es algo que el escritor necesite saber necesariamente, pero, si te interesa seguir explorando nuestra jerga, aquí va un breve resumen para que sepas defenderte con un lenguaje más específico.

Filete

Línea horizontal de grosor variable que sirve para separar, decorar o resaltar páginas. Suele aparecer en la parte superior de cada una.

Sangría

Este término puede tener dos significados:

- La sangría es el espacio extra que se deja entre el margen de la hoja y comienzo o acabado de una línea o párrafo.
- La sangría del documento es un espacio extra que se le da al mismo por todos los lados para que a la hora de guillo-

tinar el libro en el proceso de encuadernación no se corra el riesgo de cortar el texto.

A sangre

Se dice que los elementos impresos en una página van a sangre, como lo son las imágenes o las ilustraciones, cuando llegan hasta los bordes sin dejar margen, es decir van hasta el extremo de la hoja.

Cantos

Es justo lo opuesto al lomo, ya analizado en el apartado anterior. Es el lateral de las páginas.

Galeradas

Antes de mandar el libro a imprenta, el departamento de edición realiza las galeradas, que es una revisión de la prueba final del libro.

Pliegos

Un pliego es una hoja de papel que se dobla una o más veces para formar varias páginas de un libro. Cada pliego contiene varias páginas impresas que se ensamblan para formar el producto final.

Ferros

Los ferros son una muestra impresa del libro que se va a publicar con sus calidades finales.

Viudas

Es una línea aislada al comienzo de una página con la que concluye un párrafo. No se trata de una errata, pero es algo que durante la fase de maquetación se debe evitar para facilitar la lectura.

Huérfanas

Una línea huérfana aparece cuando, al maquetar la obra, la primera línea de un párrafo queda en una página y el resto en la siguiente.

Tipografía

Estilos y tipos de letras. Una tipografía bien escogida mejora la legibilidad y capta la atención del público, por ello es importante que tenga un tamaño adecuado al público al que va dirigido el libro.

Saldar

Saldar un libro es vender todas las existencias, generalmente a un precio mucho más bajo de su PVP, siendo este incluso inferior a su precio de coste. Esto se hace para deshacerse de todas los ejemplares, ya sea porque el contrato con el autor ha concluido y el editor ya no puedo venderlo o porque, tras unos años, el libro ha dejado de venderse y las editoriales no quieren que ocupe espacio en el almacén.

Dentro de la ley de la propiedad intelectual, hay un artículo referido a cuándo y cómo se puede saldar un libro.

Art. 67. Ley de propiedad Intelectual (Real Decreto Legislativo 1/1996, de 12 de abril, por el que se aprueba el texto refundido de la Ley de Propiedad Intelectual, regularizando, aclarando y armonizando las disposiciones legales vigentes sobre la materia).

1. El editor no podrá, sin consentimiento del autor, vender como saldo la edición antes de dos años de la inicial puesta en circulación de los ejemplares.
2. Transcurrido dicho plazo, si el editor decide vender como saldo los que le resten, lo notificará fehacientemente al autor, quien podrá optar por adquirirlos ejerciendo tanteo sobre el precio de saldo o, en el caso de remuneración proporcional, percibir el 10 por 100 del facturado por el editor. La opción deberá ejercerla dentro de los treinta días siguientes al recibo de la notificación.
3. Si, tras el mismo plazo, el editor decide destruir el resto de los ejemplares de una edición, deberá asimismo notificarlo al autor, quien podrá exigir que se le entreguen gratuitamente todos o parte de los ejemplares, dentro del plazo de treinta días desde la notificación. El autor no podrá destinar dichos ejemplares a usos comerciales.

Y con este vocabulario que esperamos que te haya servido para seguir mejorando tus conocimientos de nuestro sector damos paso ya al siguiente apartado.

Resumen del capítulo

Aquí podemos decir que terminamos la teoría para empezar a adentrarnos en la práctica. Esto ha sido necesario para conocer este mercado en profundidad y crear unos cimientos sobre los que trabajar.

Hemos aprendido sobre el canal del libro y las principales profesiones que participamos en él:

- Autor
- Ilustrador
- Traductor
- Editor
- Impresor
- Mensajero o agencia
- Librero

También hemos conocido las principales instituciones y hemos terminado repasando todos los conceptos necesarios para saber describir todas las partes del libro tanto del exterior como del interior y aprendiendo vocabulario que en un momento dado podemos necesitar.

Para escribir, antes ha habido que leer.

Almudena Grandes

Escritora

3. Prepararse para la posible publicación

Durante el proceso de escritura surgen muchas dudas, en este manual no vamos a entrar en técnicas de escritura, pero sí vamos a tratar otros factores en los que no pensamos, pero que también es necesario contemplar si queremos que nuestro escrito se convierta en un libro adecuado para nuestro lector.

Escribir para un mundo global

Hoy en día las distancias se han acortado y debemos tener en cuenta que los autores que escribís en lengua castellana tenéis un público muy amplio. Esto quiere decir que existe la posibilidad de que vuestra publicación llegue a muchas culturas y muchos territorios diferentes.

Por eso nuestra recomendación es que, cuando estés escribiendo, abras la mente y tengas esto muy presente. Por ejemplo, si estás trabajando en un libro infantil, nosotros recomendamos que, a la hora de hacer las ilustraciones, cuentes con todo tipo de razas y, ya que nos ponemos, si tienes en cuenta cuestiones de diversidad, será perfecto. También hay que considerar que hay cierto vocabulario que puedes variar para que no haya palabras o expresiones que sabemos que en otros países son malsonantes o pueden dar lugar a equívocos. En ambos casos, tendrás que buscar sinónimos para facilitar que la historia se entienda y no ofenda a nadie.

Extensión

Comenzamos con una de las grandes preguntas que nos hacen asiduamente: «¿Cuántas páginas debe tener mi libro?». Pues bien, esto suele depender del tipo de libro que estemos escribiendo, es decir, del género o tema. A continuación, vamos a hablar, como hemos dicho anteriormente, de pautas generales que te pueden servir de referencia, pero eso no quiere decir que no puede haber excepciones.

La UNESCO dice que para que un libro se considere como tal, lo mínimo que debe tener son 50 páginas; si tiene menos, se trata de un folleto. La extensión media hoy en día es de 200.

Ahora vamos a afinar un poco más:

- Si quieres hacer un cuento con tapa dura, es decir, un álbum ilustrado infantil, lo mínimo para que se pueda encuadernar será 36 páginas (ya maquetado) con guardas incluidas, y el máximo podría ser 56 páginas (ya maquetado). Hay que tener en cuenta que esta obra va dirigida a los más pequeños de la casa, por lo que no deberá tener muchas páginas.
- Si quieres hacer un cuento infantil, para primer lector, el número de páginas sería aproximadamente las mismas que hemos visto en el caso anterior, pero sí que es verdad que en este caso habrá mucha más carga de texto que en el caso anterior. Estos libros suelen ser ya de tapa blanda y de menor tamaño que los anteriores.
- Si quieres hacer un libro de narrativa infantil-juvenil, aquí partiremos ya de las 50 páginas (todo el rato nos referimos a libro ya maquetado en tu tamaño) y nos podríamos ir hasta 130 aproximadamente.

- Si se trata de un libro juvenil, lo ideal es que cuentes con 150 páginas o más.
- Si se trata de narrativa *young adult*, *new adult* o adulto en general, 200 páginas sería el mínimo del que deberías partir. Sí que es verdad que nos encontramos con géneros que tienen sus peculiaridades en cuanto a extensión. Por ejemplo, una novela negra de 200 páginas puede estar bien, pero una novela histórica o un libro de fantasía se quedaría un poco corto.
- Una novela corta tendría entre 80 y 160 páginas.
- Una biografía puede tener de 180 a 500 páginas.
- Si se trata de un manual o un ensayo, lo mínimo suele ser 100 páginas y, como máximo, 250 páginas.
- Si quieres hacer un poemario, sí que nos iríamos a un libro más breve. Se suelen hacer desde 30 a un máximo 80 páginas.

Estos números son siempre estimados, ya que, al final, el libro ha de tener la extensión que, como autor, veas que necesita.

Si no sabes cómo hacer el cálculo de a cuánto se va a ir tu libro, te vamos a dar un multiplicador que te puede servir de referencia. Si tu original en el procesador de textos lo tienes en A4, con 1,5 de interlineado, con tipo de letra Arial 12 y es tipo novela (es decir, solo texto), para saber aproximadamente en cuánto se quedará en A5 (el tamaño típico de libro), debes multiplicar el número de páginas por 1,3. Si tiene cuadros, gráficos, fotos, etc., aumentará el número de páginas.

Por ejemplo, si tienes un escrito en A4 con el formato de texto que hemos dicho anteriormente de 120 páginas, esto multiplicado por 1,3 es 156; es decir, este escrito en formato ya maquetado de libro en A5 tendrá unas 156 páginas.

El número de páginas siempre debe ser par, ya que una hoja tiene dos páginas, que son cada una de las caras de la hoja.

Acabados

Tendrás poder de decisión en el acabado del libro si eres autor-editor o si te autoeditas; si no estás en ninguno de estos dos casos, deberás adaptarte a las colecciones y libros de estilo de la editorial con la que trabajes.

Si se da el caso de que puedes elegir, te vamos a hablar de los papeles más usados para el interior, de las cubiertas más habituales y de los formatos de libros más comunes por temas.

Esta elección será muy importante porque va a formar parte de la experiencia de lectura de tu obra, por lo que, si puedes ver muestras físicas, mejor que mejor.

Tipos de papeles habituales:

- Para el interior: si estás trabajando sobre una novela o una obra similar, lo habitual es usar papel *offset*. Este puede oscilar entre 70 y 90 gramos, dependerá de la presencia y el peso que le quieras dar a tus ejemplares. Es un papel que permite escribir sobre él.

El papel se suele elegir blanco si hay fotos o ilustraciones; si no es el caso y se trata solo de texto, te recomendamos el papel en color crema o ahuesado, ya que el lector lo agradecerá, pues cansa menos la vista.

Hay otro tipo de papel que es el estucado, que puede ser mate o brillo. Este se considera de mayor calidad que el anterior y se recomienda para libros que, por ejemplo, sean de fotografía.

- En la elección de las cubiertas es donde encontrarás más posibilidades para diferenciar tu libro, ya que existen muchísimos tipos de papeles que puedes utilizar para que destaque estéticamente. Pero también es verdad que, cuando nos salimos de los papeles más habituales, empiezan a subir mucho los precios del material, por lo que, al final, casi todos los editores solemos usar los siguientes materiales:

- Para libros encuadernados en rústica (tapa blanda) o grapados, se suele usar:

  · Estucados mate de 250 a 350 gramos

  · Cartulinas gráficas de 240 a 300 gramos

- Para libros encuadernados en tapa dura, se usa un estucado de entre 150 y 170 gramos que forra un cartón que puede ser de 2 a 2,5 mm de grosor.

Para los libros en rústica, grapados o en tapa dura, se usa un proceso llamado glasofonado o laminado que consiste en forrar al papel con una película de plástico que lo protege ante rayaduras y roturas y lo hace más resistente. Este acabado puede ser en brillo o mate.

Formatos de libros:

Los tamaños de los libros hay que decidirlos una vez tengamos clara su clasificación. Esto lo verás en el siguiente apartado. Lo ideal es que puedas visitar una librería y veas muestras para ir pensando el estilo que te gusta.

Ahora vamos a hablar de los tamaños más habituales que te vas a encontrar por temas. Ten en cuenta que, como esto son generalidades, si quieres darle un acabado concreto a tu libro que se sale de lo estándar, siempre que seas autor-editor, vas a poder hacerlo, ya que tú eres quien decide.

- Cuento infantil: Aquí es donde existe más variedad de formatos y tamaños, ya que estos vendrán determinados por las ilustraciones. Cada libro quedará mejor con un tamaño en función de su contenido: puede ser vertical, horizontal, pequeño, grande, etc.
- Libro juvenil: Los tamaños más usados están en torno a 15 x 21 cm. En caso de querer diferenciar el tuyo, puedes cambiar en uno o dos centímetros el alto o el ancho.

- Cuaderno o libro de texto: Los más utilizados son el A4 (21 x 29,7 cm) o formatos aproximados a este.
- Poesía o narrativa: Aquí volvemos al tamaño típico del libro juvenil, es decir, 15 x 21 cm (de nuevo con uno o dos centímetros de margen para diferenciarse del resto).
- Otros géneros: En estos casos te recomendamos que te acerques a una librería y observes qué tamaño tienen los del mismo tema. También es buena idea, si tienes la opción, pedir consejo a profesionales del sector.

Clasificación

En muchas ocasiones, tanto escritores como editores nos encontramos con dificultades para clasificar el tipo de libro que llevamos entre manos, así como el público al que va dirigido, pero esto será algo que hay que realizar necesariamente.

Llegados a este punto, nosotros siempre le preguntamos al autor cuáles son los motivos por los que ha decidido publicar un libro, ya que su respuesta, entre otras cosas, nos ayudará a su clasificación. ¿Has pensado por qué públicas? Si llevas entre manos un manual o un libro de divulgación, posiblemente quieras compartir tu conocimiento, tu experiencia, o conseguir prestigio, marca o visibilidad… Si estás trabajando con una biografía, quizás el motivo sea dejar un legado. Pero, si tu libro es de narrativa, probablemente lo que busques sea distraer, entretener, divertir o hacer reflexionar. Quizás todos estos sean tus objetivos. Sean cuales sean tus motivos, has de tener claro tu objetivo: ¿qué vas a querer que sienta el lector o qué quieres cambiar en el lector? Hay quien dice que un libro es bueno si consigue «que pasen cosas» en el lector, que le remueva en algún aspecto.

Una vez tenemos claro el propósito de la publicación, hay que clasificar el libro con el máximo detalle posible para tener una fotografía clara de cuál es nuestro público objetivo. ¿Has pensado para quién escribes, quién quieres que te lea? Cuanto más trabajes esto, más éxito tendrá tu obra y es que, hoy en día, hay mucha competencia y todo el esfuerzo previo que realices te ayudará a su difusión. Tenemos que conocer nuestro nicho de mercado a la perfección.

Hoy en día no solo hay mucha competencia de escritores y libros publicados, sino que el porcentaje de lectores tampoco es el que desearíamos. Compartimos con vosotros el estudio de la Federación de Gremios de Editores de España de los últimos datos que han analizado en el año 2022 en toda España:

Del porcentaje de españoles que son lectores: 64,1 %

- Frecuentes (leen diaria o semanalmente): 52,0 %

- Ocasionales (leen alguna vez al mes o al trimestre): 12,1 %

Porcentaje de españoles que no son lectores (no leen o no lo hacen casi nunca): 35,9 %

Y a continuación lo tenemos clasificado por comunidades autónomas:

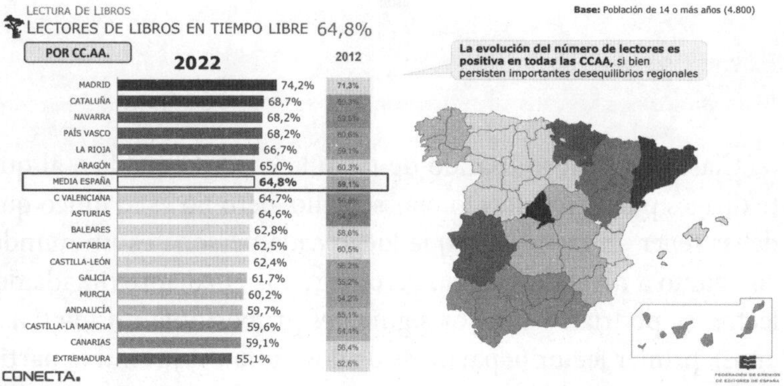

Sabiendo entonces que se publica una gran cantidad de libros cada año, incluso aunque algunos sean el mismo texto pero en diferentes formatos, y que el 35,9 % de la población española no lee, ¿no tendrás que trabajar mucho la preparación y la promoción posterior para hacerte un hueco en el mercado?

Pues vamos a seguir aprendiendo y trabajando para que así sea; muchos lo consiguen, pero solo si han hecho los deberes correctamente.

Del mismo estudio que hemos estado analizando a lo largo de este apartado, podemos sacar una gran conclusión: la importancia que tiene la clasificación por temas. Y es que, como se puede observar a continuación, es la primera causa por la que se elige un libro para su lectura.

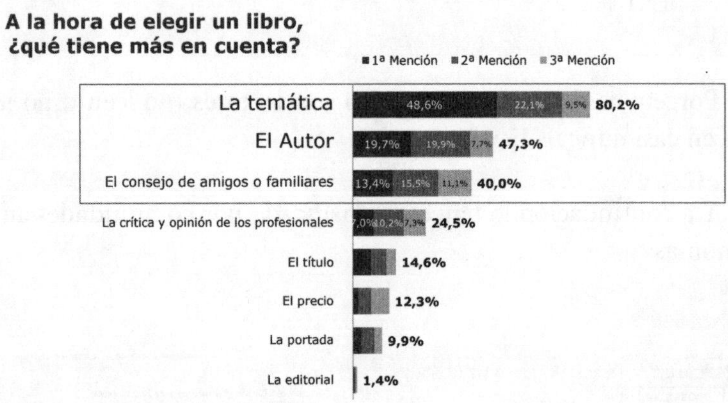

Clasificar el libro usando de filtro la edad del público al que te diriges puede resultar lo más sencillo, pero no es lo único que debes tener en cuenta, ya que luego cada persona es un mundo en cuanto a nivel de lectura. Pero, según la edad aproximada del lector, se podrían hacer los siguientes grupos: infantil (de 0 a 5 años), primer lector (a partir de 6 años), infantil-juvenil (a partir de 8 años), juvenil (de 12 a 17), *young adult* (de 17 a 20), *new adult* (de 20 a 35 años) y adulto (a partir de 35 años). Aquí hay que tener en cuenta que en todo momento estamos hablando de la edad del lector potencial y no del decisor de la compra.

Si se quiere clasificar más el lector, podemos pensar en otros factores, como el nivel cultural, el género, la población de residencia, el nivel de estudios, etc.

Otro modo de clasificar al público al que te vas a dirigir puede ser el idioma en el que vas a publicar tu libro, ya que eso te va a hacer marcarte una zona concreta, que es donde habitualmente se hable ese idioma. Aquí resaltamos del estudio unos datos que te pueden ayudar para saber la representatividad que pueden tener los idiomas en España:

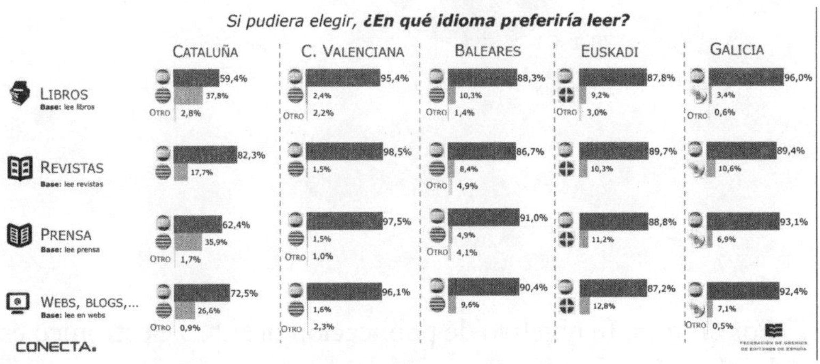

Otra forma para clasificar al lector al que te diriges es en función del formato en el que quieres lanzar tu libro: papel, libro electrónico o audiolibro, o dos de ellos, o todos.

Ninguno de los formatos es incompatible con el resto. El inconveniente que tenemos hoy en día con el libro electrónico es el pirateo. Actualmente, cuando los editores subimos a las plataformas de venta los libros electrónicos, no podemos hacer nada para evitar que aparezcan las obras como descargas gratuitas en ciertas páginas piratas. El 67,0 % de la población que se descarga libros electrónicos gratuitamente sabe perfectamente cuándo la descarga no es legal. Y uno de cada cinco no sabe distinguir si la descarga es legal o no.

Hasta la fecha, poco podemos hacer para proteger estas obras en formato electrónico. De hecho, no hay más que ver los resultados del estudio respecto a esto:

Normalmente, ¿cómo obtiene Vd. los libros que lee en su libro electrónico?

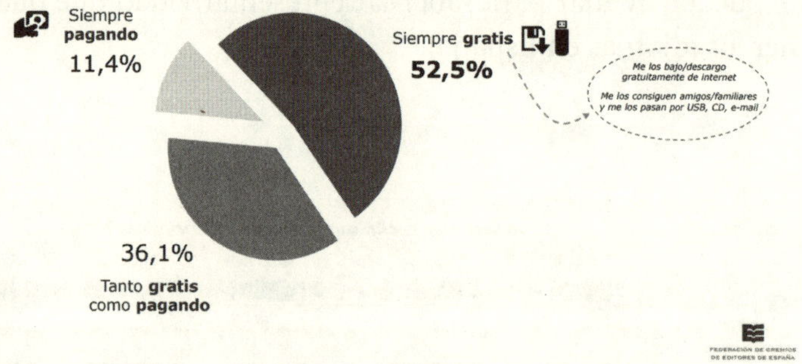

Por tanto, si tu objetivo de publicación del libro electrónico es la divulgación o compartir conocimiento, esto puede que no sea un problema; pero, si valoras también recibir una remuneración por tus publicaciones, va a ser un inconveniente.

Por último, otra clasificación puede ser el audiolibro, que no es otra cosa que la grabación de los contenidos de un libro con la voz, y se pueden escuchar en diferentes plataformas.

Los estudios dicen que, tras el incremento observado en 2021, se estabilizan los usuarios de audiolibros en 2022. El 5,4 % de la población escucha audiolibros al menos una vez al trimestre, un 2,7 % lo hace semanalmente. El porcentaje de usuarios es claramente superior entre los menores de 35 años y, en los últimos 5 años, el número de usuarios de audiolibros ha aumentado hasta un poco más que duplicarse (del 2,4 % en 2018 al 5,4 % en 2022).

Revisiones

Te pensabas que con tus miles de revisiones el libro ya estaba listo, pero sentimos decirte que normalmente esto no es así. Una vez lo consideres terminado, tienes la versión que puedes llevar al registro de la propiedad para tu seguridad, así tendrás el trámite hecho para poder empezar con los envíos.

Es importante que, cuando consideres que tu libro ya esté terminado, se lo hagas llegar a profesionales para tener las primeras reacciones y, mientras las esperas, aproveches para «dejarlo reposar», como en la cocina.

Llegado este momento puedes hacerlo llegar a:

- Un lector beta, también llamado lector cero: lo ideal es que sea profesional. Es una persona que va a leer tu obra con toda la objetividad posible para intentar mejorarla. Llegado a este punto debes estar preparado para recibir críticas constructivas, ya que te las van a hacer, y siempre has de tener en cuenta que la única intención es mejorar el manuscrito. Si no tienes a tu alcance a un profesional para esto, al menos debes buscar a una persona que esté muy acostumbrada a leer sobre el tema que tu trabajas. Igual que el lector profesional, no solo te va a alabar, sino que es interesante, casi imprescindible, que resalte los posibles fallos (y para eso debe tener la suficiente confianza y, a menudo, el valor necesario, ojo).
- Un corrector profesional: aunque luego la editorial que publicará tu libro deberá hacer una corrección, si por tu cuenta quieres contratar una corrección de estilo esto contribuirá a que el libro llegue a la editorial lo más trabajado posible y probablemente influya a la hora de decidir si es interesante su publicación.

Una vez recibidas todas las propuestas que conviene aplicar en tu obra, deberás trabajarla por última vez y realizar lo que va a ser la «versión definitiva». Ya no tocarás más el libro hasta trabajar con la editorial, si es el caso.

Cómo elegir editorial

Si no quieres ser autor-editor y prefieres trabajar con una editorial, este punto te interesa mucho.

Para acertar con la publicación, promoción, distribución y venta de tu libro es muy importante elegir la editorial más idónea para tu obra. Obviamente, al final, será la editorial la que decida si le interesa o no, pero lo que has de evitar es acabar eligiendo una que no sea la adecuada para tu obra, que esta la acepte y la publique, y quedes descontento con el resultado o con las ventas. Además, a menudo no será por negligencia suya, sino porque, al no estar especializada en lo que necesitas, no tendrá las herramientas para garantizar su éxito.

Para saber a cuál debes dirigirte, has de tener en cuenta las siguientes características que vamos a explicar. Te pueden parecer obviedades, pero, aun así, las editoriales seguimos recibiendo originales en los que el autor no ha hecho este filtro previo:

Temática

Como hemos explicado con anterioridad, las editoriales están especializadas en diferentes temas, por lo que, a la hora de enviar tu obra a una de ellas, haz una selección de las que estén especializadas en ese tema. Si has escrito un libro de ensayo, no lo envíes a una especializada en narrativa. Corres el peligro de que al editor le guste mucho, decida publicarla aunque no esté especializada y que, una vez editada, como ninguna librería ni medio de comunicación reconoce a esa editorial como especializada en ensayo, ni la librería pedirá el libro para tenerlo a la venta ni el medio de comunicación querrá entrevistar al autor, ya que preferirán recibir obras y autores de ensayo que hayan publicado con editoriales con mucho más prestigio en ese campo. Al final, el libro costará mucho más de vender.

Ámbito geográfico

Una editorial puede distribuir sus libros a nivel local (provincia o comunidad autónoma), nacional o internacional. Si nosotros tenemos unas expectativas de ventas con nuestro libro y queremos que llegue a las librerías de toda España, e incluso de otros países, hemos de dirigirnos tanto a editoriales que tengan esa capacidad como a distribuidores en esas zonas. Si eliges una editorial con distribución local, luego no puedes reclamarle ni sentirte defraudado porque el libro no haya llegado a librerías de otra comunidad autónoma o de otro país.

Tamaño de la editorial

Volviendo a las expectativas de venta con tu libro, es muy importante que, si te has marcado un objetivo con él, elijas una editorial que sea capaz de conseguirlo junto a ti. Obviamente, cuanto más grande sea la editorial, es decir, cuantos más departamentos y herramientas de distribución y promoción tenga, mayores serán las ventas.

Idioma

Las editoriales no suelen publicar en todos los idiomas oficiales del Estado. La gran mayoría publican solo en castellano; otras publican en castellano y en uno o varios idiomas oficiales. Si tu obra la has escrito en castellano, tendrás que dirigirte a editoriales especializadas en ese idioma, ya que, si el editor acaba publicando la obra en un idioma en el que no es reconocido, será muy difícil que sepa colocarlo bien en librerías y tampoco conocerá los mejores métodos de promoción para esa obra.

Soporte

Actualmente las editoriales podemos publicar los libros en papel (con diferentes tipos de encuadernación), en *ebook* o en audiolibro. Si tienes claro que quieres que tu libro sea publicado en tapa dura, que luego se haga la edición en *ebook* y después en audiolibro, tendrás que seleccionar editoriales que sepas que ya hacen esas ediciones. La editorial tradicional no va a cambiar el tipo de encuadernación del libro a tu antojo. Tampoco va a hacer ediciones de *ebook* o audiolibro, si no está en su política, porque tú lo quieras. Así que has de elegir una que trabaje los soportes en los que quieras que sea publicada tu obra.

Diseño

Cuando vamos a una librería, muchas veces desde lejos ya sabemos a qué editorial pertenece un libro solo viendo la portada. Esto se debe a que la mayoría de las editoriales tienen su propia línea de diseño tanto de las portadas como del interior. Por eso mismo no puedes, una vez elegida la editorial y firmado el contrato, reclamar al editor que haga la portada que tú quieres. El editor la hará en la línea de su libro de estilo y del diseño de la colección. Si no te gustan las portadas que hace, lo mejor es que no trabajes con esa editorial.

Marketing y comunicación

Algo muy importante para vender los libros una vez publicados es la estrategia de *marketing* y comunicación. Cada editorial tiene una estrategia diferente y cada una invierte diferentes cantidades de dinero en ellas.

Antes de seleccionar una editorial, es interesante que veas cómo trabaja ese apartado, ya que no van a seguir las estrategias que el autor quiera, sino las suyas habituales. Un ejemplo es que, si una editorial tiene por política no mandar gratuitamente libros de muestra a medios de comunicación o *influencers*, no lo van a hacer porque se lo pidas. Si crees que para el éxito de tu libro eso es indispensable, tendrás que acudir a editoriales que sepas que trabajan así.

Trato

Hay personas que prefieren trabajar con aquellas editoriales que tienen un trato más personalizado, que pueden charlar de tú a tú con las personas del equipo con las que van a ir trabajando en cada fase, y eso también puede ser algo que te sirva para decidir.

Si ves que la editorial te redirige para todo al *mail*, que no está pendiente, que no va informando de lo que está ocurriendo con tu libro, que no te acompaña a eventos, etc., y para ti es importante el trato personalizado, esa no va a ser tu editorial.

Obviamente, es muy difícil encontrar una editorial perfecta para ti que trabaje en todos estos puntos tal y como quieres y, si la encuentras, nada te asegura que quieran publicar tu obra. Pero has de tener muy en cuenta estos puntos para saber a qué editoriales dirigirte y cuáles son las líneas rojas que no quieres cruzar.

Una vez tengas todo esto claro y seleccionadas las editoriales con las que estás dispuesto a publicar, llega el momento de dirigirse a ellas.

Cómo dirigirse a una editorial

Las editoriales tradicionales reciben a la semana muchos más originales de los que pueden leer para valorar, por lo que es muy importante que te dirijas a ellas de la forma más correcta, haciéndoles su trabajo de valoración lo más fácil posible de forma que, cuando decida qué originales va a leer, el tuyo sea uno de ellos.

Hay muchas editoriales tradicionales que no aceptan originales, ya sea porque solo trabajan con agentes literarios o porque tienen cerrada la recepción de manuscritos. Las más grandes suelen trabajar con agentes y no directamente con los autores porque aquellos les filtran las obras y les quitan mucho trabajo. De esta figura hablaremos un poquito más adelante. Esos agentes ya han leído previamente las obras de sus representados y ofrecen a las editoriales solo los originales que creen que les van a encajar. De esta manera, el editor solo tendrá que leer las obras que ha seleccionado de cada agente y no todas las que le lleguen, por lo que la única forma en la que puedes llegar a publicar con una de ellas es mediante un agente literario que te haga de intermediario.

Por otra parte, hay muchas editoriales, sobre todo medianas y pequeñas, que sí que aceptan recibir originales directamente de autores. Existen foros en internet en los cuales puedes encontrarlas ordenadas por temas.

Si quieres contactar con una de ellas para mandarles tu original, debes ir primero a su página web, ya que suelen tener un apartado en el que explican la forma en la que hay que enviárselos. Tendrás que seguir escrupulosamente las directrices que te den porque, lógicamente, si no lo haces así, te arriesgas a que no tengan en cuenta tu original.

Muchas veces el autor llama previamente a la editorial, pregunta por el editor para ver si puede mandar el original y empieza a explicarle por teléfono toda serie de detalles sobre su obra. Esto no suele servir para nada, e incluso puede ser contraproducente, ya que quien va a hacer la primera valoración será otra persona y lo único que se conseguirá será hacer perder tiempo al editor, que estará escuchando (a menudo sin prestar demasiada atención) impacientándose porque no puede realizar su trabajo.

Si sabes que la editorial acepta originales, pero en la web no dice cómo hay que hacerlo, lo más recomendable es enviar la última versión de la obra completa. Si piensas que no está acabada del todo o que se puede mejorar, no la mandes aún: perfecciónala y luego las envías. Junto con ella, manda un *briefing* literario, esto es una presentación con toda la información posible de la obra, por qué crees que se va a vender, a qué público te diriges, y también toda la información que consideres interesante sobre ti. La editorial no solo va a valorar la obra, también a ti como autor y como persona, por ello, si tienes puntos fuertes, has que contarlos: debes intentar destacar del resto de las propuestas.

Ideas que te damos sobre puntos fuertes que debes incluir en tu presentación:

1. Del autor

    a) Si has ganado algún premio o concurso literario.

    b) Si ya tienes una comunidad de lectores fiel.

    c) Si tienes disponibilidad para viajar.

    d) Si tienes experiencia en tratar con medios de comunicación.

    e) Si estás dispuesto a participar en eventos de promoción.

    f) Si eres reconocido en tu campo o, por tu profesión o cualquier otra razón, eres un experto en la materia que tratas.

    g) Si eres docente y puedes incorporar tu lectura a centros educativos.

    h) Si conoces a alguna persona famosa que te va a ayudar en la promoción.

    i) Si tienes otras publicaciones que han funcionado bien.

2. De la obra

    a) Si trata de un tema de actualidad.

    b) Si próximamente se celebra un aniversario o conmemoración relacionados de alguna manera con la obra.

c) Si el prólogo es de una persona muy conocida o experimentada.

d) Si la obra ha sido finalista de algún premio.

e) Si el ilustrador es una persona reconocida o experimentada.

La editorial, como empresa privada, va a valorar la calidad de la obra y, si pasa ese primer filtro, estimará si puede ser rentable para ellos o no. En cualquier caso, todo este listado que hemos visto le ayudará a decantar la balanza.

Es posible que muchas no te contesten, lo hacemos muy pocas, en la mayoría de los casos recibimos originales para valorar por encima de nuestras posibilidades. Si te descartan, sigue intentándolo; si crees en tu obra y en todo el trabajo que has hecho y el que estás dispuesto a hacer, no te rindas. ¿Sabías que antes de que J. K. Rowling se convirtiera en un fenómeno mundial con *Harry Potter y la piedra filosofal* fue rechazada por doce editoriales?

Por otra parte, si buscas una editorial de autoedición, no vas a necesitar todo lo anterior: como hay un interés comercial detrás de la publicación de la obra, no va a ser necesario «venderte», es más, serán ellos los que tendrán que «venderse». Para localizarlas, basta con buscar en la red y te saldrán cientos de ellas.

Formarse

Nos podemos formar en muchos aspectos, no hay profesión o deporte para el que no tengamos que prepararnos previamente, y esta no iba a ser menos. En primer lugar, hablaremos de la formación propia de la labor de escritura.

Antes y durante la escritura de tu obra es importante que te formes para evitar errores habituales y para que tu libro siempre resulte ser la mejor versión de lo que puedes hacer. Hoy en día esto es sencillo, ya que hay multitud de talleres de escritura para todos los niveles y para todos los temas, tanto presenciales como *online*. Si no conoces ninguno, en internet podrás encontrarlos y, si te va más el contacto personal, siempre puedes preguntar en las librerías de tu zona.

Y, como no puede ser de otra manera, en este apartado te recomendamos que leas, que leas mucho. No deja de sorprendernos la cantidad de personas que se dirigen a nosotros para informarse porque quieren ser escritores, pero nos dicen que leen ocasionalmente. Tenemos que hacerte una confesión: por muy bueno que seas escribiendo, si lees, serás mejor. Es necesario leer para cultivarse: ayuda a aumentar el vocabulario, permite conocer diversas técnicas narrativas y, también, orienta sobre cuáles son las tendencias literarias del mercado.

Además, si tu obra requiere conocimientos sobre el tema que trata o cuándo o dónde está ambientada, vas a necesitas hacer una gran labor de investigación tanto bibliográfica como de reportajes.

En segundo lugar, hablaremos de formación en lo que hoy se conoce como habilidades blandas, las relacionadas con la inteligencia emocional, que también son muy importantes. Las que consideramos necesarias para ser un buen escritor son:

- Creatividad
- Saber encajar críticas constructivas
- Ser curioso
- Planificación
- Gestión del tiempo
- Constancia
- Paciencia
- Habilidades comunicativas escritas
- Organización

Es muy difícil tener todas las habilidades, pero lo interesante aquí es trabajar el autoconocimiento, ser consciente de las habilidades que dominas y explotarlas y, respecto a aquellas que te cuestan más, saber que las has de trabajar para mejorarlas cada día.

Por último, queremos añadir otro aspecto en el que hay que capacitarse y para ello lanzamos una pregunta: ¿te consideras escritor (o escritora)?

La mayoría de los autores con los que nos sentamos tienen respeto a autodenominarse «escritor». Nosotros somos editores porque editamos libros, trabajamos con traductores que lo son porque traducen libros, con impresores que imprimen los libros y un largo etcétera.

Volviendo a la RAE, hay que trabajar sobre el concepto de *escritor*: 'Persona que escribe' o 'Autor de obras escritas o impresas'. ¿Eres una persona que escribe? ¿Eres autor de obras escritas? Pues, querido lector, si a estas últimas preguntas tienes una contestación afirmativa, podemos confirmar que la respuesta a la primera pregunta que hemos realizado es «Sí». Y el primer paso para crecer en este viaje que has emprendido, ya que, si no, no tendrías este libro en las manos, es creerte lo que haces y confiar. Has de confiar en que, si te has preparado como hemos ido comentando y estás dispuesto a seguir haciéndolo, estás en el camino adecuado.

Por ello, para luego poder trabajar tu marca personal y para poder vender tu libro, primero deberás trabajar en tu empoderamiento.

Hablemos del síndrome del impostor. Este es un tema sobre el que puedes encontrar muchas publicaciones y es más habitual de lo que crees, no solo en esta profesión. Se da cuando una persona se siente incapaz de internalizar sus logros, sufre un miedo persistente a ser descubierto como un fraude y siente que no se merece lo que consigue.

Pues bien, escribir un libro, con todo el trabajo que conlleva, y más si uno se ha preparado a conciencia, es un logro, por lo que, si no lo percibes como tal, tendrás que ser más compasivo contigo mismo y convencerte de que lo has conseguido.

También hay que conocer otras herramientas que nos van a ayudar mucho, esto lo vemos ahora en el siguiente apartado.

Herramientas básicas gratuitas

En el proceso de la escritura te vas a encontrar que es necesario apoyarse en herramientas básicas para mejorar el resultado del libro y conseguir una mayor riqueza en el texto.

- *Diccionario de la RAE*: ya hemos hablado anteriormente de ella, es una de las herramientas principales para aclarar significados de ciertos términos, ver la conjugación de los verbos o, desde hace poco, encontrar sinónimos. Hay una versión gratuita en internet que facilita mucho las búsquedas (clicando en cualquier término nos lleva a su definición y sus sinónimos). También hay disponible una *app* de móvil.
- *Diccionario panhispánico de dudas*: un poco más técnico que el anterior, te permitirá resolver muchas dudas como el uso de las preposiciones, la concordancia, la puntuación, etc.
- Fundéu: La Fundación del Español Urgente es una institución sin ánimo de lucro dependiente de la RAE que tiene como principal objetivo impulsar el buen uso del español. Se puede consultar directamente y también mantiene la página web Wikilengua, que contiene mucha información útil sobre el idioma.
- Docs de Google: es un procesador de texto en línea que te permite crear documentos y darles formato, además de facilitar el trabajo con otras personas. Si tu libro es colectivo, es una herramienta muy práctica para escribirlo.
- Drive de Google: es el lugar en el que puedes almacenar y acceder a todos tus archivos.

- Word: este procesador de textos tiene muchas funcionalidades que te pueden ayudar a trabajar tu proyecto. Queremos resaltar las principales. El control de cambios permite llevar un seguimiento de todas las modificaciones aplicadas por varios usuarios a un mismo documento de Word, lo que te va a facilitar trabajar con tu corrector de una manera eficiente. Sinónimos: este procesador tiene un extenso diccionario de sinónimos accesible con un simple clic. Herramientas de voz: se puede usar Word para trascribir a texto lo que le dictes y, a la inversa, te puede leer en voz alta lo escrito, lo que puede ser interesante para trabajar la sonoridad de un texto o para repasarlo cuando estás haciendo otra tarea y no puedes mirar a la pantalla.
- Bancos de imágenes: si tu libro no es una novela y va a llevar fotografías, como sabes, deben estar libres de derechos para que las puedas usar. Por ello, debes buscarlas en bancos de imágenes, que hay muchos, para descargarlas con el tamaño que necesites. Vas a encontrarlos de pago y gratuitos.
- Scrivener: Es un programa diseñado específicamente para escritores: entre otras funcionalidades, con él podrás crear notas para documentar y tener organizada toda la información sobre tu próximo libro; te ayudará en la elaboración de una línea de tiempo para estructurar tu obra, y podrás crear fichas para definir los personajes y trabajar sobre ellos.

Los premios literarios

Un premio literario es una distinción que se otorga a un libro o a un autor y que puede venir tanto de una entidad privada como pública.

Cuando te presentas a un premio o concurso literario, primero hay que analizar bien las bases, ya que, si haces llegar tu obra a ese premio para que la valoren, se entenderá que aceptas esas bases.

En todo premio debe haber una contraprestación, ya que el autor cede el uso de los derechos de la propiedad intelectual a la editorial para que estos, llegando el momento, puedan publicar el libro.

Existen multitud de premios literarios, por lo menos en España, pero ojo, no todos tienen la misma reputación. En muchos casos te exigirán que la obra sea inédita, es decir, que nunca antes se haya publicado en ningún formato: ni en papel, ni en *ebook*, ni en ninguna plataforma de impresión bajo demanda ni nada de nada.

Existen muchas páginas web que se dedican a recopilar todos los premios literarios. Si accedes a ellas, deberás hacer la búsqueda por género o tema.

Como dice nuestro querido escritor Vicente Marco, hay que tener en cuenta diferentes parámetros a la hora de valorar a qué premios nos queremos presentar, si es que es el caso.

- Las publicaciones. ¿El ganador del premio o los finalistas tendrán su libro publicado? ¿Será de forma individual o será un libro colectivo? ¿Qué van a hacer? ¿En qué formato? ¿Con qué tirada? ¿Hay distribución?
- La difusión. ¿Qué difusión tiene este premio? ¿Qué ámbito? ¿Es local, nacional? Para averiguar esto puedes bucear un poco en la red.
- Prestigio. ¿Quién forma parte del jurado? ¿Es un premio reconocido? ¿Es un premio con historia y trayectoria?
- La contraprestación. Debe ser una dotación económica.

Las ventajas de presentarse a un premio y ganarlo, como es evidente, son el prestigio de haber obtenido un premio, también el reconocimiento a un trabajo bien realizado, la publicación de la obra y, por último, la dotación económica.

Presentarse a los premios también tiene desventajas: que en muchos casos te obligan a tener tu libro «retenido» sin poder darle otras oportunidades hasta que salga el fallo de la obra o que, en aquellos casos en los que el premio proviene de un organismo público, es habitual que luego la distribución en el punto de venta sea escasa o nula.

Resumen del capítulo

Hemos comenzado el capítulo haciendo un recordatorio de que hoy en día estamos en un mundo global y de que debemos tenerlo en cuenta. Después, hemos hablado sobre la longitud o la extensión de los libros, los acabados, cómo podemos clasificarlos, las revisiones y otros profesionales que, tras terminarlo, nos pueden ayudar a mejorarlo.

Hemos aprendido cómo elegir editorial, una de las decisiones más difíciles e importantes que tomarás a lo largo de este proceso. Una vez seleccionadas las editoriales con las que te gustaría trabajar, organizadas por orden de preferencia, llega el momento de dirigirse a ellas y has visto cómo contactar, qué errores evitar y hemos reflexionado sobre tus puntos fuertes y los de tu obra que pueden ser clave para que seas el elegido.

La importancia de la formación no solo la vas a ver en este apartado, más adelante seguiremos trabajando sobre esto. Hemos enumerado herramientas que te van a ser de ayuda, y hemos profundizado en los premios literarios.

Si alguno de estos términos se te ha escapado, aprovecha ahora y retrocede, porque vamos a seguir avanzando.

El que no inventa, no vive.
Pero a veces es difícil inventar
cuando no se cree en lo que haces.

Ana María Matute
Novelista española miembro de la Real Academia Española

4. El proceso de edición

En este capítulo vamos a hablar de todas las fases por las que pasa la edición del libro, que te llevarán, después de trabajarlas, a tener la versión definitiva de la obra.

Como ya hemos comentado, antes de pasar por ellas es importante tener un contrato firmado en el que aparezcan los datos fiscales de ambas partes, la tirada que se va a hacer, el título, el ámbito territorial, la duración del contrato, el porcentaje de derechos de autor, etc. Si tienes dudas sobre esto, lo mejor es dirigirse a un abogado especialista en propiedad intelectual.

Una vez hayas firmado ese contrato, tienes que preparar todo el material que te hayan solicitado para la edición del libro. Hay que hacerlo siguiendo las indicaciones que te hayan pautado y, si no lo han hecho, las tendrás que solicitar.

Si estás asesorado por un agente literario, este te ayudará a mandar la mejor versión a la editorial. A continuación, vamos a hablar sobre esta figura con detenimiento.

El agente literario

El agente literario es como un representante, es un intermediario entre el autor y la editorial. Su objetivo es conseguir para el autor que representa la mejor editorial posible para cada obra a cambio de un porcentaje de la cantidad que consiga negociar. La media de lo que cobra un agente suele estar entre el 10 % y el 20 % de lo que consiga para el autor. Este porcentaje irá a éxito, es decir, lo que el autor vaya ganando se lo repartirán entre ambos; si el agente te pide algún adelanto, huye. Te sorprenderías del intrusismo que tenemos en nuestro sector.

Antes de decidirte a contactar con un agente literario, si es que quieres seguir ese camino, te recomendamos que revises su web para analizar el tipo de autor que representa; si, además, puedes conseguir opinión de alguno de ellos, mejor. Será la agencia quien decidirá si te va a representar o no, y lo hará en función de la capacidad comercial que le vea a tu obra y a ti. Esta búsqueda no te llevará mucho tiempo, ya que en España no hay un gran número de agencias literarias.

Lo habitual es que si una agencia contacta directamente con un autor para poder representarle es porque le ven un gran potencial comercial.

Muchas editoriales trabajamos directamente con los autores, pero sí que es verdad que la manera de llegar a los grandes grupos editoriales es mediante un agente literario.

Entre las tareas del agente podemos encontrar las siguientes: negociar con la editorial las condiciones del contrato; mantenerse al tanto de las tendencias del mercado; debe conocer bien a los autores a los que representa, sus puntos fuertes y sus obras; valorar las obras de sus autores representados y trabajar con ellos para mejorarlas; generar oportunidades a sus autores; conseguir adaptaciones de la obra en otros formatos, etc.

Dado que ambas partes, autor y agente, están interesados en que la obra funcione para poder recibir la mayor cantidad de ingresos posibles —porque, como hemos comentado anteriormente, ambos van a éxito—, lo ideal es trabajar en equipo para que funcione de la mejor forma posible.

La edición del libro

Una vez has hecho llegar el material como corresponde, la editorial se pondrá a trabajar en la edición del libro. Este proceso lleva muchas fases que vamos a enumerar a continuación en el orden en que normalmente se realizan.

Corrección

La primera fase debe ser la corrección del texto. Hay dos tipos de corrección: ortotipográfica y de estilo. Las editoriales tradicionales siempre harán la de estilo (que, como ya hemos comentado, incluye la ortotipográfica). Las editoriales de autoedición o servicios editoriales suelen ofrecer los tres niveles: sin corrección, ortotipográfica y de estilo. En caso de que quieras corrección, conviene que averigües si cuentan con un corrector profesional, si no, puede que tengas que valorar buscarlo por tu cuenta. En ese caso, es bueno que sepas que existen asociaciones como UniCo (Unión de Correctores) que te pueden facilitar el contacto de alguno.

A continuación, vamos a detallar qué incluye cada una de las dos. En el caso de la de estilo, se especifican solo las tareas no incluidas en la ortotipográfica (se marcan con asterisco las versiones incorrectas a modo de ejemplo).

Corrección ortotipográfica

- Errores ortográficos (palabras mal escritas, por ejemplo, «exaustivo»* en lugar de «exhaustivo» o «Él vió la casa»* en lugar de «Él vio la casa»).
- Errores de puntuación, recogidos como tales en la *Ortografía de lengua española* de la RAE. Por ejemplo, a) incluir una coma entre el sujeto y el verbo («Juan, ha venido antes»* en lugar de «Juan ha venido antes»), b) escribir un espacio entre el texto y el signo de cierre de la interrogación («¿Qué hora es ?»* en lugar de «¿Qué hora es?») o

c) escribir dos puntos después de preposición («La casa consta de: cocina, comedor y dos habitaciones»* en lugar de «La casa consta de cocina, comedor y dos habitaciones»).

- Uso de mayúsculas y minúsculas (por ejemplo, «El Mar Mediterráneo»* en lugar de «El mar Mediterráneo»).
- Adecuación del uso de la negrita, la cursiva, las comillas y otros recursos tipográficos a la normativa de la RAE o al criterio editorial generalizado (por ejemplo, los títulos de libros deben ir en cursiva y sin comillas, pero los de los artículos de una revista van sin cursiva y entre comillas).
- Unificación de criterios en expresiones que se pueden escribir de dos maneras distintas (por ejemplo, tanto «quizás» como «quizá» son correctas, pero en un mismo libro conviene que siempre estén escritas de la misma manera).
- Unificación de criterios en las escrituras de números, es decir, en qué circunstancias se escribirán con cifras y en cuáles con letras.
- Adecuación del formato de los diálogos a la normativa o al estándar actual.

Corrección de estilo

Conviene destacar que, a pesar del nombre, la corrección de estilo no incluye modificar el estilo literario del autor.

- Corregir errores e imprecisiones de vocabulario (por ejemplo: «Le infringió un severo castigo»* en lugar de «Le infligió un severo castigo»).
- Corregir errores gramaticales («Si habría llegado antes, habría cenado mejor»* en lugar de «Si hubiera llegado antes, habría cenado mejor»).

- Aumentar la riqueza léxica.
- Eliminar muletillas.
- Evitar repeticiones.
- Corregir anacolutos (oraciones mal construidas) («Yo, que soy una persona muy deportista y no tengo tiempo para otras cosas, me gusta el cine»*, en lugar de «A mí, que soy una persona...»).
- Eliminar inconsistencias sintácticas (falta de concordancia, régimen preposicional incorrecto, falta de correlación en los tiempos verbales, etc.).

Revisión de la corrección

Una vez realizada la corrección, se envía al autor, habitualmente con la herramienta de control de cambios del Word y con explicaciones en comentarios al margen, para que pueda saber el motivo del cambio.

Legalización

Es solicitar el ISBN y el depósito legal. Como ya lo hemos tratado anteriormente, no nos vamos a extender más en este punto.

Con la gestión del depósito legal nos aseguramos de que siempre vaya a haber un ejemplar de tu título en la Biblioteca Nacional, otro en el Depósito Legal de tu región y otro en la biblioteca de tu región.

Todo esto lo hace la editorial, salvo que seas autor-editor.

Maquetación

Supone organizar visualmente el interior del libro de manera que tenga un diseño adecuado. Los maquetadores se encargan de recoger todo el material (texto, imágenes, gráficos, vectores, etc.) y los organiza de una forma atractiva respetando los márgenes que luego el impresor va a necesitar para manipular el libro.

Revisión de maquetación

Una vez se ha maquetado el libro (generalmente creando un fichero pdf), se le hace llegar al autor para que le dé el visto bueno.

Diseño de cubiertas

La misma fase de diseño que se ha hecho con el interior se debe hacer con las cubiertas. Aquí se da forma a la portada, la contraportada, el lomo, la solapa delantera y la trasera.

Revisión de cubiertas

De la misma forma que en el caso anterior, se le hace llegar al autor el archivo del diseño de las cubiertas.

Galeradas

Se preparan los archivos para tener una versión final, incluyendo las correcciones que hayan podido surgir, y se hace una última revisión antes de enviarlo todo a la imprenta.

Impresión

Esta es la fase en la que se fabrica el libro físicamente y se realizan los ejemplares necesarios y acordados por contrato.

Una vez que el libro está impreso es cuando hay que planificar el lanzamiento de la obra. Mientras tanto, si has decidido trabajar con editorial, esta tendrá que hacer llegar los ejemplares a los distribuidores, y estos a la vez a las librerías, proceso que suele llevar un mínimo de diez días.

Los tiempos del proceso de edición dependerán mucho de si has decidido ser autor-editor, ya que en ese caso los marca cada uno de los proveedores que te hayas buscado de forma independiente (que, por experiencia, hemos observado que suelen alargarse bastante) o de lo que te lleve a ti hacer todo, si es que tienes conocimientos para ello.

Si has decidido trabajar con una editorial de autoedición, te puedes encontrar de todo. La realidad es que al llegar esta fase muchos autores se impacientan, y la verdad es que las prisas en este sector son malas compañeras. Muchas empresas de servicios editoriales, con tal de vender, ofrecen libros hechos en un mes, pero ponemos en duda que se pueda hacer un trabajo adecuado en tan poco tiempo, y más cuando se contrata la corrección de textos, cosa que aprovechamos para aconsejarte que hagas siempre, por muy experto que seas. En resumen: si contratas los servicios de edición y te ofrecen tenerlo en un mes, convendría que lo pensaras dos veces.

Si, por el contrario, vas a publicar el libro con una editorial tradicional, tendrás que preguntarles por sus tiempos. Está bien hacer la consulta para poder organizarte, pero esto ya solo dependerá de ellos y de su planificación y tú, en este caso, solo tendrás que ser paciente y adaptarte.

Resumen del capítulo

En este apartado hemos profundizado sobre la labor que desempeñan los agentes literarios y hemos repasado las fases por las que vas a pasar para editar una obra, ya sea con o sin editorial. A grandes rasgos son:

- Corrección
- Legalización
- Maquetación interior
- Diseño de cubiertas
- Galeradas
- Impresión

La profesión de escritor hace
que las carreras de caballos
parezcan un negocio estable.

JOHN STEINBECK
Escritor estadounidense ganador del Premio Nobel de Literatura

5. Prepararse para el lanzamiento

Para que, cuando tu libro se encuentre a la venta, todo funcione como la seda, hay que prepararse bien: si es un proyecto que te importa, no puedes dejarlo al azar. ¿Sabes que dicen que el 80 % del éxito es la preparación y el 20 % la acción? ¡Pues vamos a ello!

La marca personal

Empezamos con algo que se explota mucho en otras profesiones y que ahora ya se empieza a contemplar en nuestro sector.

Trabaja tu marca personal. Tu libro va a dejar de ser en cualquier momento «tu hijo» para ser un producto que debes vender, y tú vas a ser el principal prescriptor. Tu marca personal va a tener un papel importantísimo en ello.

En primer lugar, debes empezar por marcarte tus objetivos. Define tu identidad, tu imagen. Una vez tengas eso, deberás establecer tu presencia en la red; hoy en día quien no tiene huella digital no existe. No tener presencia en la red puede ser un motivo para que una editorial se decante antes por otro autor.

Para decidir en qué redes sociales centrarte (YouTube, Facebook, Instagram, LinkedIn, TikTok...), es interesante meditar sobre a qué público objetivo se van a dirigir tus libros. Por ejemplo, si quieres publicar libros sobre empresa, *marketing* o ventas, no vas a poder prescindir de LinkedIn: será la principal. Si, por ejemplo, tu público es más juvenil, tendrás que centrarte en TikTok. Si se te dan bien las redes y eres capaz de tener una agenda de publicaciones y contenido rico, y no quieres dejarte ninguna, ¡adelante! Pero solo en el caso de que lo vayas a hacer bien.

En nuestra opinión es muy importante que seas auténtico, cercano y que, por muy bien que vayan tus publicaciones y por muchos éxitos que coseches, siempre seas agradecido y cuides de tus lectores.

Si has decidido tener página web de escritor, es importante que sea de uso sencillo, intuitivo y que la mantengas al día. Quizás, si tu marca personal va viento en popa y tu web tiene un buen posicionamiento, sea interesante valorar también que esa web tenga un carrito de la compra para que puedas vender por ahí directamente también tus libros. Que no te frene la cuestión de recibir los pedidos, tener que prepararlos y enviarlos: es posible que con tu editorial puedas llegar a algún tipo de acuerdo para que ellos mismos lo gestionen todo.

Esto es una carrera de fondo, queremos decir que no solo basta con crear tu marca antes de lanzar el libro, sino que vas a tener que estar constantemente trabajando en ello de manera disciplinada, si lo haces así, con el tiempo verás sus frutos.

Formarse 2.0

Verás que ya es la segunda vez que aparece la formación en este manual, y es que esto lo consideramos clave.

Analiza qué escritores son referentes para ti y estudia lo que hacen, ve a sus eventos, síguelos y aprende, siempre desde el máximo respeto, por supuesto.

Sigue reciclándote constantemente en todos los aspectos que puedas, es decir, en la escritura, en el *marketing*, en la comunicación, en marca personal, en redes sociales, en ventas, en oratoria, etc.

Queremos hablarte de Canva. Esta herramienta es muy práctica para cuestiones de diseño. Te va a servir para ir generando recursos con diseños profesionales, de una forma muy intuitiva, que podrás usar en tus redes sociales o en cualquier tipo de comunicación gráfica que necesites realizar.

Hay muchos eventos que te permiten seguir conociendo el sector: presentaciones, charlas, jornadas, talleres... Organiza tu agenda para que siempre puedas seguir en contacto con lo que ocurre en este mercado.

Anualmente celebramos en Valencia el único congreso que conocemos en España exclusivamente destinado para formación de escritores: se llama Escrivivir, y se celebra a finales de septiembre para seguir formando a escritores de la mano de grandes referentes. Esto puede ser una gran oportunidad para aprender, conocer editores y hacer *networking*.

Si hay alguna fase de la promoción que no se te da especialmente bien, entrénala para mejorar. Por ejemplo, si atender al público en el *stand* de una feria te incomoda o te da un poco de vértigo, lo que debes hacer es ir a todas las que puedas, acostumbrarte a los usos y costumbres, fijarte en qué autores están más activos y aprender de sus truquitos.

Si, por ejemplo, lo que no te gusta es hablar en público y la presentación te supone un gran sacrificio, tendrás que formarte en oratoria. Hoy en día, hay muchísima información al respecto y talleres muy interesantes.

Plan de comunicación

Tienes que generar contenido de valor para la comunidad que estás creando y para la que vendrá. Y esta comunidad tiene que ser fiel, es por ello por lo que has de tener un plan, una periodicidad establecida de contenido, saber que lo que vas a publicar le interesa al público objetivo que definiste anteriormente.

Es importante también que interactúes mucho con tu audiencia. Contesta comentarios y participa en conversaciones, intervén en sus publicaciones.

Construye relaciones, tanto personales como digitales: hoy en día vivimos en un mundo global, y esto ya no tiene límites.

Analiza, cuando alguien busca tu nombre o tu título, qué huella digital deja y si es la que buscas; si no, trabaja para cambiarla. Además de las redes sociales y de tener una página web propia para mejorar tu posicionamiento, así como un blog, puedes participar en revistas digitales, escribir artículos, colaborar con medios de comunicación, etc.

Si consigues que todo eso se convierta en un hábito, el trabajo, al final, saldrá solo y no te supondrá un esfuerzo. Es importantísimo crear esas rutinas o conductas de forma regular, y es que, como dice el autor James Clear: «La calidad de nuestra vida depende de la calidad de nuestros hábitos».

Hoy en día hay multitud de herramientas de inteligencia artificial que te pueden ayudar a generar vídeos, imágenes y contenidos para tus redes.

Planificar el lanzamiento

Esta es una de las tareas que suele gustar menos a los autores, y es que a menudo consideran que su trabajo ha terminado cuando completan la escritura de la obra, pero sentimos decirte que no es así.

Llega el momento de que el libro vea la luz y esto hay que prepararlo también. Aquí nada pasa por casualidad, y más si quieres que salga bien.

Los editores vemos que, cuando se va acercando la fecha del lanzamiento, se os apodera la impaciencia, pero es fundamental ceñirse a los tiempos planificados. Precipitarse puede ser contraproducente. La ilusión, el tiempo, el esfuerzo y el trabajo invertidos en este proyecto, a menudo, hacen que se empiece a promocionar el lanzamiento antes de tiempo, lo cual echa por tierra todo el trabajo realizado hasta el momento.

Pensarás que somos unos exagerados, pero imagina esta situación: empiezas a anunciar tu libro en redes, incluso haces una entrevista en la radio en el momento en el que la editorial te ha comunicado que el libro se va a imprenta o que pronto llegará a los distribuidores. Y alguien, un lector potencial, acude a una librería y solicita el libro. ¿Sabes cuál va a ser la respuesta en la librería? Que ese no lo encuentra, no está dado de alta, no está a la venta, es decir, no existe. ¿Crees que esa persona va a volver al cabo de unas semanas para seguir intentándolo? Te adelantamos que lo más probable es que no. El tiempo es lo más valioso que tenemos y no podemos jugar con el de nuestros lectores. Por ello, por muchas ganas que tengas, déjate orientar por tu editor: es el experto. Como siempre decimos, hay que trabajar en equipo y cuanta más comunicación haya para planificar todo esto, mejor.

Salvo que tu editor te diga lo contrario, estos podrían ser unos buenos plazos para tener de referencia con algunos ejemplos:

- Empieza creando expectación en tus redes, dile a tu comunidad que tienes una noticia que dar (esto se puede comunicar dos meses y diez días antes de la presentación, no recomendamos hacerlo antes).
- Juega con tu comunidad, hazles partícipes, lanza una encuesta y comunica los resultados para ver quién ha acertado sobre la noticia que quieres compartir (esto se puede comunicar dos meses y una semana antes de la presentación).
- Les cuentas cómo te sientes: nervios, ilusión… Siempre cercano, recuerda.
- Otro día das la noticia: «¡Voy a publicar un libro! ¡Y por ahora no os puedo contar mucho más!» (dos meses antes de la presentación).

- «Respecto a la noticia que os di, no os imagináis los nervios que tengo, esto es un sueño cumplido y estoy impaciente de poder contaros más» (un mes y 25 días antes de la presentación).
- «No puedo esperar más, el libro todavía no se encuentra a la venta, pero hoy necesito compartir con vosotros el título: se titula XXX, ¿qué os parece?» (un mes y veinte días antes de la presentación).
- «Agradezco mucho el apoyo que estoy recibiendo, espero que el resultado os encante, muy pronto podré daros más información» (un mes y dos semanas antes de la presentación).
- «Hoy comparto la portada con vosotros, espero que os guste tanto como a mí, ¿qué os parece?» (un mes y una semana antes de la presentación).
- «Ya puedo desvelar lo que llevo tanto esperando: el día 25 de enero presentaré mi libro y quiero que me acompañes...» (un mes antes de la presentación, por ejemplo).

Aquí todos los esfuerzos de seguir dando información se paran para centrarse única y exclusivamente en la presentación y en conseguir llenar la sala hasta la bandera.

Una vez presentado el libro, ya podrás empezar a anunciar dónde se encuentra a la venta, la sinopsis, el *booktrailer* (vídeo corto para promocionar el libro, como el *trailer* de una película o una serie), si lo hay, y otros eventos que vendrán después. Pero insistimos: una vez pasado el lanzamiento, todos los esfuerzos deben ir destinados a su «presentación en sociedad».

Aquí ya podemos empezar con las entrevistas en los medios de comunicación porque sabemos que el libro ya está distribuido.

Por último, antes de terminar este apartado, queremos hablar del *elevator pitch* o discurso de presentación. A partir de ahora, debes ser capaz de hablar de tu libro con una función comercial en una única frase que te recomendamos que trabajes. Ya tengas delante a un periodista, librero, editor, etc., deberás tener una frase clara, sencilla y con gancho que describa tu libro, y deberás explotarla al máximo siempre que encuentres la oportunidad.

Resumen del capítulo

En este momento ya tendrías tu libro editado y has de prepararte para el lanzamiento, por ello se trata de una sección más práctica. Hemos destacado la importancia de trabajar tu marca personal, hemos retomado el asunto de la formación, de la importancia de poner en marcha un plan de comunicación, de planificar el lanzamiento para que todo salga bien y en el momento adecuado.

Algunos escritores aumentan el número de lectores;
otros sólo aumentan el número de libros.

JACINTO BENAVENTE
Dramaturgo, director, guionista y productor de cine español

6. La publicación de la obra

Una vez el libro ya está editado, se pone a la venta, y es aquí cuando empieza la última fase que determinará el éxito de tu obra.

Tu público objetivo tiene que saber que el libro ya se puede adquirir.

Como ya hemos comentado, en España hoy en día se lanzan alrededor de 90 000 títulos nuevos cada año. Esto te lo decimos para que seas consciente de la gran competencia que existe en el mercado del libro y por ello es importante que la obra sea de gran calidad, que prepares bien cada una de las fases que hemos ido comentando en capítulos anteriores y que pongas todo tu empeño en lo que viene a continuación. Así tendremos todos los ingredientes para obtener los resultados esperados.

En la siguiente tabla puedes observar los libros publicados, tanto en papel como en otros soportes, inscritos en ISBN por diversas características:

	VALORES ABSOLUTOS					DISTRIBUCIÓN PORCENTUAL				
	2019	**2020**	**2021**	**2022**	**2023**	**2019**	**2020**	**2021**	**2022**	**2023**
TOTAL	**90.073**	**78.422**	**92.722**	**92.616**	**87.122**	**100**	**100**	**100**	**100**	**100**
TIPO DE EDICIÓN										
Primeras ediciones	87.596	77.142	90.379	90.602	84.917	97,3	98,4	97,5	97,8	97,5
Reediciones	2.477	1.280	2.343	2.014	2.205	2,7	1,6	2,5	2,2	2,5
NATURALEZA JURÍDICA DEL EDITOR										
Pública	8.665	5.614	8.242	7.174	6.532	9,6	7,2	8,9	7,7	7,5
Privada	81.408	72.808	84.480	85.442	80.590	90,4	92,8	91,1	92,3	92,5
LIBROS EN SOPORTE PAPEL	**65.303**	**52.139**	**64.645**	**61.324**	**60.012**	**100**	**100**	**100**	**100**	**100**
TIPO DE EDICIÓN										
Primeras ediciones	63.213	51.055	62.605	59.672	58.183	96,8	97,9	96,8	97,3	97,0
Reediciones	2.090	1.084	2.040	1.652	1.829	3,2	2,1	3,2	2,7	3,0
NATURALEZA JURÍDICA DEL EDITOR										
Pública	4.841	3.154	5.014	4.390	4.174	7,4	6,0	7,8	7,2	7,0
Privada	60.462	48.985	59.631	56.934	55.838	92,6	94,0	92,2	92,8	93,0
LIBROS EN OTROS SOPORTES	**24.770**	**26.283**	**28.077**	**31.292**	**27.110**	**100**	**100**	**100**	**100**	**100**
TIPO DE EDICIÓN										
Primeras ediciones	24.383	26.087	27.774	30.930	26.734	98,4	99,3	98,9	98,8	98,6
Reediciones	387	196	303	362	376	1,6	0,7	1,1	1,2	1,4
NATURALEZA JURÍDICA DEL EDITOR										
Pública	3.824	2.460	3.228	2.784	2.358	15,4	9,4	11,5	8,9	8,7
Privada	20.946	23.823	24.849	28.508	24.752	84,6	90,6	88,5	91,1	91,3

Fuente: Ministerio de Cultura. Estadística de la Edición Española de Libros con ISBN

Los canales de venta

El canal de venta es ese punto de contacto en el que el lector tiene a su disposición los libros.

Los libros electrónicos y los audiolibros se pueden vender en gran cantidad de plataformas de comercios electrónicos, como por ejemplo Kobo, Kindle, Casa del Libro, Fnac, etc. Normalmente las editoriales que publicamos libros electrónicos también trabajamos con distribuidores de la misma forma que hacemos con el libro físico. Esto nos permite tener todo centralizado con un único proveedor especialista en trabajar con todas las plataformas de venta que hay.

A continuación, vamos a ver que existen muchos puntos de venta para un libro físico; cuanto mejor esté posicionado, mayores serán las ventas.

Los puntos de venta físicos son librerías (tanto independientes como pertenecientes a cadenas), quioscos, supermercados, centros comerciales o grandes almacenes, jugueterías (si hablamos de cuentos infantiles), ferias del libro, etc.

También se venden libros físicos en plataformas de comercio electrónico, en páginas web de editoriales, de librerías, de distribuidores, de autores, etc., y en redes sociales.

Respecto a las plataformas de comercio electrónico de libros físicos, nos vamos a centrar en la más importante hoy en día en España, que es Amazon. Aquí podemos comprar el libro de dos formas diferentes, y en muchos casos esto depende de que el cliente se entretenga investigando los detalles del producto y del vendedor para dar con lo que exactamente estaba buscando.

- Libro físico que ha producido la editorial. Aquí el vendedor suele ser la propia editorial, el distribuidor, una librería o el mismo autor si se trata de un autor-editor. También el vendedor puede ser Amazon si la editorial le ha hecho llegar ejemplares.

- Libro físico en modalidad impresión bajo demanda. Aquí el vendedor es Amazon, que imprime cada ejemplar independiente para cada pedido que tiene con unos acabados concretos.

No queremos terminar este apartado sin hablar de otra plataforma a la que le tenemos un especial cariño: www.todostuslibros.com. Se trata de un espacio creado desde CEGAL en el que se pueden comprar los libros como si de Amazon se tratara, pero en realidad quien te lo vende es un librero o una librera que ha sincronizado su *stock* con la plataforma para que puedas hacer compras *online*, pero a comercios de proximidad.

La distribución

La distribución se realiza por zonas; en función de la tirada del libro, llegará a más o menos zonas. Suele llevar entre diez días y un par de semanas tener el libro en todos los puntos de venta a contar desde que el distribuidor recibe los libros en su almacén.

La colocación en librerías se realiza en función del tema. No todas las tiendas los trabajan todos; muchas se especializan basándose normalmente en el tipo de libro.

No se puede asegurar que un libro esté en una librería, ya que el distribuidor es quien lo ofrece al librero y es este quien decide si se lo queda en depósito o no. La única forma de asegurarlo es contratar un espacio, que hoy en día se hace sobre todo en grandes almacenes; todos los espacios principales son de pago.

Anteriormente hemos mencionado los depósitos, pero es posible que no sepas exactamente a qué nos referimos. No tiene nada que ver con el depósito legal, que ya hemos visto anteriormente.

En este mercado los editores dejamos los libros en concepto de depósito a los distribuidores, y estos hacen lo mismo con las librerías. Esto quiere decir que entregamos todos los ejemplares «de prestado» sin nada a cambio más que un simple albarán. Es decir, el viaje inicial que hace el libro es:

Todo esto solo con intercambio de albaranes, pero ni un euro (salvo en el caso de las agencias de mensajería, que facturan siempre). ¿Alguna vez te habías planteado que todos los libros que ves en las estanterías de grandes almacenes, de librerías, de kioscos... están «de prestado» y que nadie ha pagado un euro por ellos? Pues así es. El editor ha hecho una gran inversión para que el libro recorra ese camino siendo consciente de que luego puede hacer el mismo viaje, pero en dirección contraria.

El peor de los escenarios y, lo que es peor, el más habitual es este:

El objetivo del editor y del distribuidor debe ser que ese camino de vuelta venga con el menor número de bultos posible, es decir, que el porcentaje de devoluciones de esos depósitos sea lo más bajo posible, porque eso supondrá que los libros se han vendido. Es decir, que el escenario ideal para todas las partes implicadas sería:

Y así no habría viajes de vuelta. Esto supondría que todos los profesionales de esta cadena van a cobrar su margen correspondiente.

Respecto a los plazos, debes saber que el editor entrega sin un tiempo concreto los depósitos al distribuidor, normalmente mientras dura el contrato de distribución, que, mínimo, es un año. Incluso hay editoriales que utilizan el almacén del distribuidor como propio.

Pero el distribuidor sí que marca unos plazos de duración de esos depósitos a las librerías. En los albaranes que hemos comentado, suele aparecer una fecha de vencimiento. Ese plazo dependerá del acuerdo que tenga el distribuidor con cada tienda, puede variar en función de lo que vende (la rotación que tiene), de lo buen pagador que sea y otros motivos, pero de media podemos decir que suele rondar de tres a cinco meses. Los libreros, en esos tres meses (poniéndonos en el caso del plazo más corto), que, por cierto, son fundamentales, verán si el libro ha funcionado. Si ha sido así, lo querrán mantener en su tienda; si no, lo devolverán para que, cuando se cumpla el trimestre, no les cobre el distribuidor. Y si este recibe de un título muchas devoluciones, luego lo va a tener muy complicado para seguir posicionándolo.

El caso contrario será que el título en cuestión haya funcionado muy bien, que no haya devoluciones. Si es así, pasado el tiempo pactado, el distribuidor hará la factura a la librería para cobrarle lo vendido. Generalmente ese tiempo que pasa entre la entrega de los libros a la librería y la facturación de los mismos sea 90 días aproximadamente, por lo que el distribuidor empezará a recibir las ventas de ese título 3 meses después de haberlo enviado a la librería como pronto. En ese momento es cuando el distribuidor comunica esa venta a la editorial, por fin esta sabe que ese libro se ha vendido, pero la factura posiblemente también sea a 90 días, por lo que ya estamos en el mes 6. Todo esto lo contamos para que veas que una editorial posiblemente empiece a ver los primeros resultados de un nuevo libro después de 6-7 meses de lanzarlo al mercado y, probablemente, después de 12 meses de haber hecho la inversión en el libro para editarlo. Como verás, este mercado es muy complejo. Pero esta es una de las razones por la que las editoriales normalmente liquidamos una vez al año a los autores por sus ventas. Otro de los motivos es por las devoluciones, de las que ya hablamos en el apartado de los *royalties*.

Para terminar con este punto, queremos tratar una de las preguntas frecuentes cuando el libro se pone a la venta. El autor quiere conocer algunos puntos de venta de su libro, le pregunta al editor y este le pasa un listado. Hasta aquí todo bien, pero el autor va a una de las tiendas que aparecen en ese listado a preguntar por su libro y resulta que no lo tienen, ¿qué ha pasado? Pues que en la librería se pueden dar diferentes escenarios:

- El libro se vende y lo reponen (esto sería lo ideal).
- El libro se vende y no lo reponen, por lo que sea (falta de tiempo o de interés, desorganización, ya no lo quieren tener, etc.).
- El libro no se vende y lo devuelven.
- El libro no se vende y lo aguantan en tienda un poco.

Por tanto, se puede dar el caso de que un libro realmente haya sido enviado a esa tienda en cuestión, pero, si se ha vendido y no han dado respuesta, que ya no lo tengan y, mientras no exista un microchip que se inserte en cada ejemplar, no podemos seguirlos, ¡que todo se andará! También se puede dar el caso de que el libro haya llegado a la tienda, pero lo hayan devuelto: el librero es libre de gestionar su negocio como quiera.

Un consejo que te damos es que, si vas a ir a una librería para preguntar por tu libro, que ya te decimos que no eres al único al que se le ha ocurrido, pues lo hacen unos 40 000 autores al año, trates siempre con respeto, educación y gran cariño al librero o la librera que te atiende. Además, es mejor que seas muy sincero y no te hagas pasar por un cliente, porque se pueden molestar, pues están de cara al público muchas horas y recibir esa cantidad de escritores preguntando por su libro constantemente les quita tiempo de lo que tienen que hacer en su día a día: vender, asesorar, colocar novedades, preparar devoluciones, hacer cajas, deshacer cajas, cobrar, gestionar su negocio, atender a los distribuidores, organizar su agenda, etc. Y, por favor, no cambies los libros de sitio: es una mala costumbre que se hace sin mala intención, pero las estanterías tienen un orden y si a cada uno de los 40 000 le da por distribuir la tienda a su modo, es un caos. Si quieres que estén situados de otra forma, primero háblalo con ellos.

La promoción

Hoy en día, la promoción es algo primordial si quieres que tu libro se venda; sin ella, es como si no existiera. Hay multitud de acciones que puedes realizar, y ahora vamos a enumerar algunas recomendables:

1. Presentación

Ya hemos anticipado algo a lo largo del libro. El primer evento de la promoción debe ser la presentación, un evento en un local donde reunirás a tus amigos, familia, compañeros, etc., donde se lanzará por primera vez a la venta el libro.

La elección del espacio es importante para que el evento salga perfecto. La recomendación siempre es que los hagas en una librería, ya que seguramente esta anuncie la presentación en sus redes sociales, ponga cartelería y sitúe bien el libro los días previos. Además, si quedan satisfechos con el acto, luego lo recomendarán, contarán contigo para otro eventos y ferias, detalles que hacen que tu texto empiece a darse a conocer. Además, así te aseguras de que esa librería durante un tiempo va a tener tu obra a la venta y, por otra parte, es muy importante cuidarlas, ya que sin ellas la labor del escritor no tendría sentido.

Otro asunto que has de tener en cuenta es el tema: si, por ejemplo, tu libro es de poesía, es importante que busques una librería que tenga esa sección para que luego pueda estar ahí.

El secreto del éxito para la presentación es medir la capacidad. Has de buscar un espacio que se adecue perfectamente al público, esto es muy difícil de calcular exactamente, pero siempre puedes hacer una aproximación. Por ejemplo, si esperas poca gente, mejor busca una librería pequeña, y así se llenará el aforo enseguida; si, por el contrario, confías en que habrá una gran afluencia, aunque luego pueda haber bajas, mejor busca una librería grande.

Aquí has que tener en cuenta que la convocatoria la haces tú, el autor; tanto la librería como la editorial están celebrando constantemente presentaciones y, salvo excepciones, no se van a encargar de esa tarea.

Otras cuestiones que has de tener en cuenta son: el público habitual de la librería, si está bien comunicada, los horarios, la equipación en cuanto a sonido y vídeo, etc.

Una vez cerrada la fecha con la librería, te recomendamos diseñar una invitación con todos los datos de la presentación para darle difusión. Esto lo suele hacer la editorial.

En la mesa de la presentación lo normal es que te sientes tú, a un lado el editor y al otro un presentador, elegido por ti, que hará una pequeña introducción.

Si no sabes muy bien cómo medir los tiempos esto suele ser lo estándar:

19.00 h: CONVOCATORIA

19.10 h: EMPIEZA, HABLA EL EDITOR

19.15 h: HABLA EL PRESENTADOR

19.30 h: HABLA EL AUTOR

19.50 h: RUEGOS Y PREGUNTAS

20.00 h: FIRMA DE EJEMPLARES

¿Qué debes decir en la presentación? Pues nuestra recomendación es que vayas previamente a otras para saber cuál es el protocolo habitual. Independientemente de ello, lo que se suele recomendar es que lleves un guion por si los nervios te traicionan. En este punto, debes hablar de tu libro sin destriparlo, pero creando mucha curiosidad para fomentar el interés y, por tanto, su lectura. También es frecuente contar cómo surgió la idea, cómo fue escribirlo, cuál ha sido la inspiración, etc.

Sobre este tema tenemos un vídeo con el que puedes completar la información. Si te interesa, lo encontrarás en el canal de YouTube del Grupo Editorial Sargantana en la lista de reproducción «conoce el sector editorial».

2. Otras presentaciones

Te recomendamos hacer presentaciones en otros lugares, como, por ejemplo, donde esté ambientado el original, la población donde naciste o, también, ferias y eventos culturales. Allá donde puedas reunir a un grupo de personas, aunque no sea muy grande, es interesante hacer una presentación.

3. Ferias

Has de asistir, es casi obligatorio, a ferias del libro para ofrecer el tuyo y charlar con lectores desconocidos con los que de otra manera nunca contactarías.

Si has publicado con editorial, será esta la que te debe cerrar la agenda de ferias, si eres autor-editor lo tendrás que hacer por libre con mucha antelación, ya que no te va a resultar una tarea fácil. En muchos casos los expositores no quieren recibir a este tipo de autor porque luego la gestión a la hora de liquidar es más complicada que con un único proveedor como es el distribuidor.

4. Redes sociales

Hay que mover contenido relacionado con el libro de forma periódica en las redes sociales.

Aquí queremos compartir contigo una cuestión que nos plantean habitualmente, y es que mucha gente quiere crearse una red social con el título del libro. Nosotros esto no lo recomendamos, ya que, si sigues publicando, llegará un momento en el que aportar contenido periódico y de valor a la red social de cada uno de los libros será insostenible. Lo mejor: trabajarlos todos desde tu marca personal para crear tu comunidad y así intentar conseguir que tus lectores sean fieles.

Es importante que el contenido que aportes no solo sea sobre ti; tienes que pensar qué otros intereses tiene tu público e intentar satisfacerlos. No todo debe ser «Yo, yo, yo».

Hoy en día lo que más posiciona es el vídeo; esto puede cambiar, pero son las tendencias. También ayuda mucho en el posicionamiento compartir con tu comunidad el día a día de forma natural.

Márcate un objetivo de seguidores e impacto que quieres conseguir y haz el seguimiento para ver si lo estás logrando o tienes que esforzarte más.

5. Medios de comunicación

Salir en los medios de comunicación ayuda mucho en la venta del libro y a darle visibilidad. Para ello, lo primero que hay que hacer es diseñar una nota de prensa atractiva y hacerla llegar a los medios junto con un ejemplar de muestra. Si son medios especializados en el tema del libro, habrá mayor probabilidad de éxito. Luego, hay que hacer seguimiento, primero para ver si han recibido el libro, y después para saber cuándo lo van a publicar.

Los medios reciben cientos de libros de autores que quieren ser promocionados, por ello, este trabajo cuesta mucho y a veces no se ve compensado, pero no hay que dejar de hacerlo. Si eres un autor novel, una posibilidad interesante es empezar por los medios de tu municipio o de tu comarca.

Si tu obra trata temas de actualidad, lo debes explotar, ya que puede que sea atractiva para el periodista.

Si consigues tener entrevistas, luego todo ese material que vas recogiendo de los medios lo debes usar para compartirlo en tus redes sociales y así seguir generando contenido.

6. Clubs de lectura

Si hablamos de una novela, es recomendable intentar introducirla en clubs de lectura, ya que se llega a más lectores. Estos son grupos de personas que se reúnen física o virtualmente para valorar un libro que se han leído. Normalmente los clubs están organizados por temas, por lo que ya estarás directamente apuntando a tu público objetivo, y tendrás más posibilidades de que les guste tu obra. Si encima es un club que tiene redes sociales, te hará ganar visibilidad. Y si, además, es un club presencial en el que puedas ir a participar y estar presente mientras debaten sobre tu libro, será una experiencia muy enriquecedora.

Encontrar contactos de clubs de lectura no es fácil: si se te dan bien las redes en Instagram, te puedes llevar sorpresas; si no, tendrás que tirar de contactos.

Si, por el contrario, tu libro es un ensayo, el enfoque sería buscar espacios donde se puedan realizar charlas o talleres relacionados que tengan un público, una base de datos de asociados o una *newsletter* de interesados por esa materia.

7. *Networking*

¿Se te dan bien las relaciones públicas? Si la respuesta es afirmativa, estás de suerte: ¡eso te va a ayudar mucho!

Tienes que ir a todos los eventos literarios que haya en tu ciudad. ¡Y no solo ir: debes participar! Coge el micro cuando se abra el turno de ruegos y preguntas, y participa de alguna manera, haciendo una pregunta ocurrente para obtener visibilidad.

Acude a las ferias del libro, por supuesto, para disfrutar del ambiente y familiarizarte con la que algún día será tu nueva faceta: estar detrás de los *stands*. Pero, mientras tanto, acude, toma nota de cómo lo hacen los demás y, de paso, aprovecha para relacionarte con editores y libreros.

Afíliate a la asociación de escritores que puedas por cercanía; eso te mantendrá informado de todos los eventos y te dará nuevos contactos y oportunidades.

Si ya tienes editorial, en la medida en que tus responsabilidades te lo permitan, acude también a eventos de tus «colegas» de editorial, así irás haciendo «piña». Y es que, si ayudas a un compañero apoyando su evento o dando visibilidad a su libro, este te tendrá en cuenta también.

8. Reseñas

Cada vez más gente mira las reseñas y opiniones antes de comprar cualquier producto, y con los libros no iba a ser menos. Por ello, es muy importante que, cuando los lectores se pongan en contacto contigo tras leer tu obra para felicitarte, además de agradecérselo, les pidas el favor de que te dejen una reseña. ¡Y, si encima lo comparten en sus redes etiquetándote, ya será estupendo! Las reseñas pueden publicarse en Amazon, en la web de la editorial o en otras plataformas digitales. Al principio puede costar que los lectores se animen a escribirlas, por eso es muy importante tirar también de la gente conocida para arrancar. Si cuando pides que te hagan una reseña lo pones todo muy sencillo haciendo llegar el enlace de manera que solo tengan que hacer un clic, estarás facilitando que se animen. Hay que intentar conseguir todas las posibles porque eso da visibilidad, da prestigio, posiciona mejor tu libro y hace decidirse a posibles lectores indecisos. ¡Todo son ventajas!

9. Prescriptores

Aunque ya hemos hablado del funcionamiento del sector y de los profesionales que participan en la publicación de un original, creemos que es importante hablar sobre el papel que tienen los prescriptores, es decir, aquellas figuras que van a recomendar tu libro o que podrían hacerlo.

Los prescriptores que queremos señalar son:

- Tú: el propio autor. No eres el primero por casualidad: para nosotros eres el más importante. Si no crees en tu obra y no sabes venderla, va a ser muy difícil que el resto lo pueda hacer. Si crees en tu trabajo y encima tienes dotes comerciales y digitales, tendrás mucho ganado.
- Libreros. Este tampoco es el segundo por casualidad: entendemos que es una figura clave en el éxito del libro y por ello nos vamos a detener un poco aquí. Si observas el siguiente gráfico del informe del 2022 de la Federación de Gremios de Editores de España, lo vas a ver claro:

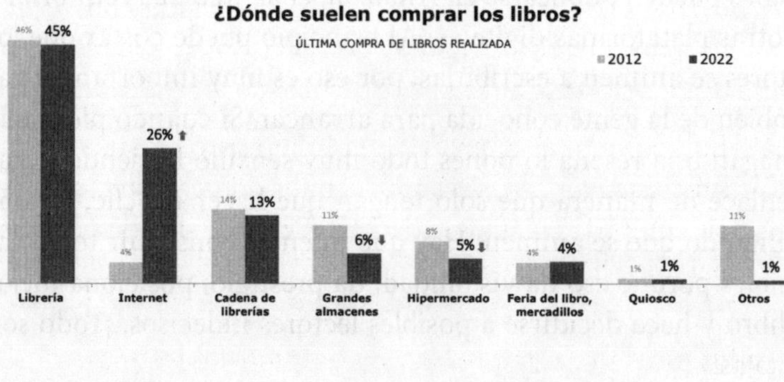

Como puedes ver en el gráfico, donde se suelen comprar más libros actualmente sigue siendo en las librerías. Sobre su funcionamiento no nos vamos a detener, ya que lo hemos visto al principio del libro. Pero sí hay que ser conscientes de la importancia que van a tener para la venta de tu obra, por lo que hay que cuidar a los libreros, y mucho.

- Periodistas. Un buen artículo en cualquier medio de comunicación empuja mucho la venta de un libro. Cuanto más alcance tenga el medio donde ha salido la noticia, mayor repercusión tendrá. Este eco mediático también le dará prestigio y reconocimiento a la obra.
- Críticos literarios. Otro de los profesionales, que hasta ahora no hemos comentado con detalle, es el crítico literario. Tiene como objetivo estudiar y evaluar una obra. Obtener una buena crítica de un profesional otorga al autor y a su obra mucho prestigio.
- Otros autores de reconocido prestigio. Normalmente ya tienen una gran comunidad y eso hace que la promoción del libro les llegue a miles de personas.
- *Influencers* / *booktubers* / personas famosas. Este caso es similar al anterior: cuantos más seguidores tenga el prescriptor, a más gente le va a llegar. Lo que hay que analizar es que realmente el famoso esté relacionado con el público al que nos dirigimos porque, si no, puede llegar a desprestigiar la imagen que hemos ido creando.
- Editor. Junto al autor, es el más interesado en que el libro funcione. Por eso, siempre decimos que hay que trabajar en equipo, poniendo cada parte lo que está en su mano para que llegue al mayor número de lectores posible.

Todos estos prescriptores harán que los lectores tomen decisiones informadas sobre qué libros leer. Incluso puede que se dé el caso de que para cierto perfil haya «lectores» que se compren el libro solo por coleccionismo y no para su lectura.

10. Otras recomendaciones

En este apartado te queremos recomendar alguna iniciativa que, aunque posiblemente no te va a dar una ventaja extraordinaria, sí que va a suponer otro pasito más en esta carrera de fondo, atención:

- Los dos primeros años del lanzamiento del libro son los más importantes y los que van a determinar su éxito, vale la pena hacer un esfuerzo en ese periodo para dedicarle tiempo a la promoción.
- Apúntate a todas las ferias del libro que puedas.
- No infravalores a los blogs, revistas digitales e *influencers*: te ayudan a seguir posicionando tu libro de forma gratuita o muy económica.
- Puede estar bien organizar sorteos en tus redes, no mensualmente, que no parezca una tómbola, se necesita seriedad, pero sí a lo mejor un par de veces al año con motivo de algo especial. Pero, por favor, no lo hagas para el Día del Libro: esa semana se pierden todas las comunicaciones por la gran cantidad de información que hay.
- Sigue a otros escritores que te gusten. ¿Sabes lo que es el *benchmarking*? Consiste en hacer un estudio concienzudo de lo que hacen tus «colegas de profesión» (o competidores, según lo quieras ver) para entender las estrategias que aplican y las prácticas que más triunfan y así adaptarlas a tu forma de trabajar y mejorarlas.
- Si eres experto en una materia y puedes conseguir colaborar con algún medio especializado en ello como profesional, te vas a ir creando marca e imagen en esa área.

Aunque posiblemente sea de forma gratuita, te puede posicionar muy bien en el futuro y puede ser un lugar donde surjan oportunidades y contactos.

- No dejes de ver tutoriales sobre nuestro sector, hoy en día tenemos una gran suerte con la cantidad de material que podemos encontrar en la red.
- Algo que hacen algunos autores y que nos parece ya de ser auténticos maestros, porque cuesta mucho, es tener su propia *newsletter*. Por si no estás familiarizado con el término, te explicamos de qué se trata.

Es un boletín que se hace llegar normalmente por correo electrónico de manera periódica a una base de datos de contactos que has tenido que ir formando poco a poco tú mismo. Se trata de generar una comunidad fiel que va a recibir un correo tuyo directamente, ya no depende de que cuando haces una publicación en una red social justo el lector entre en ese momento o de que el algoritmo haya decidido qué es lo que quiere mostrar. ¡Esto lo va a ver seguro, y es algo que no se valora! Hay herramientas específicas para ello y que además te dan información sobre el porcentaje de personas que ha abierto el correo en cuestión y el que lo ha leído. Si se te da bien la informática, te puede resultar muy útil, ya que la imagen de quien recibe el correo es más profesional y no tan de ir por casa. Pero, si no es el caso, que esto no te frene: envía un correo con copia oculta como se ha hecho tradicionalmente.

Hasta aquí lo más habitual en cuanto a promoción editorial. Eso sí, si estás dispuesto a «poner toda la carne en el asador», no termines este libro sin pasar por el último capítulo.

Resumen del capítulo

Quizás este sea uno de los apartados más esperados, y es que publicar nuestro libro es el gran momento esperado, por el que nos volvemos impacientes y nos puede la ilusión. Llegado este momento, debemos conocer los canales de venta para saber explotarlos bien. También hemos aprendido cómo funciona la distribución del libro y sus particularidades.

Y por último hemos enumerado diez puntos clave para promocionar tu obra como corresponde:

1. Presentación principal
2. Otras presentaciones
3. Ferias
4. Redes sociales
5. Medios de comunicación
6. Clubs de lectura
7. *Networking*
8. Reseñas
9. Prescriptores
10. Otras recomendaciones

Esto está llegando ya a su fin, pero vamos a ir un pasito un poco más allá con el siguiente capítulo.

La escritura no es producto de la magia,
sino de la perseverancia.

Richard North Patterson
Escritor de ficción, abogado
y comentarista político estadounidense

7. Proyección

Cuando pensabas que ya lo sabías todo para promocionar tu libro, aquí se te van a abrir otro mundo de posibilidades. Como hemos comentado al principio, esto es una carrera de fondo, y todo el trabajo que realices los dos primeros años del lanzamiento del libro van a ser claves. En este apartado te vamos a hablar de otras posibilidades para seguir trabajando en la promoción de tu libro y que este no tenga límites.

Las ferias internacionales

Son eventos importantes para la industria editorial, y atraen a autores, editores, agentes literarios y amantes de la lectura de todo el mundo. Puede que no sean eventos tan accesibles, por las distancias, como los que hemos comentado anteriormente, pero, si te puedes organizar y te las preparas previamente como corresponde, puedes sacarles mucho partido. Eso sí, tendrás que ser paciente: esa cosecha tarda en dar sus frutos.

Podemos diferenciar dos tipos de ferias según su contenido o finalidad.

Por un lado, tenemos las ferias cuyo objetivo principal es la compra-venta de derechos de autor. En ellas, tanto las editoriales como las agencias literarias buscamos sellos de otros países que puedan estar interesadas en publicar en su país e idioma libros que hemos editado nosotros o incluso que vayamos a hacerlo en un futuro. Para ello, antes de acudir a la feria, hacemos una búsqueda de editoriales de otros países que publiquen libros del mismo tema que nosotros y agendamos citas con ellos para presentarles nuestro catálogo, hablarles de los libros que hemos publicado, escuchar los que están buscando y, de esa manera, poder ofrecerles títulos de nuestro catálogo que les puedan interesar para traducir a su idioma y publicarlos ellos en su país.

No solo podemos ofrecerles libros ya publicados anteriormente, sino que, por ejemplo, en cómic o libro infantil, es muy habitual proponer los que van a aparecer en un futuro próximo para que así se puedan imprimir a la vez los de la editorial de origen y los de las que le hayan comprado los derechos. De esa manera, se puede abaratar su fabricación por tratarse de un mayor volumen de ejemplares.

Esto, que parece un trabajo relativamente sencillo, es bastante más complicado de lo que parece, ya que la mayoría de las editoriales que acudimos a estas ferias lo hacemos con la intención de vender, y una proporción mucho menor con la de comprar, por lo que hay que hacer un esfuerzo por contactar con esas últimas editoriales.

Dentro del Grupo Editorial Sargantana tenemos ejemplos de compras y ventas de derechos, para haceros conocedores de lo que puede ser un detonante de la venta, os vamos a contar un ejemplo de una de las transacciones más recientes que hemos tenido, hemos vendido los derechos de un libro juvenil de nuestro sello de Sargantana a una editorial de Irlanda. Esta editorial se ha decidido a formalizar este contrato, después de reunirnos con ellos y mostrarles el catálogo. Nos pidieron los archivos de este libro, archivos que hay que mandar en baja resolución en inglés para que puedan valorarlo bien. Después hay que hacerle el seguimiento y cerrar la venta. Esta editorial se decidió por este libro en primer lugar porque la temática encajaba dentro de su catálogo, en segundo lugar porque le vio muchas posibilidades comerciales al libro. También se valora que en este país haya pocas publicaciones al respecto, la calidad del contenido, la calidad de la ilustración, etc.

Las principales ferias de compra-venta de derechos de autor son:

- Frankfurt Buchmesse. En ella tienen cabida todos los géneros y es la más importante del mundo.
- London Book Fair. También es generalista.
- Bolonia Children Book Fair. Está centrada solo en libro infantil, juvenil y, desde los últimos años, también en cómic.
- Angouleme. Es la más importante del mundo del cómic.

Existen muchas otras ferias de derechos, como por ejemplo China, India, Sharjah (en los Emiratos Árabes Unidos), Turquía, etc. Son mucho más pequeñas que las anteriores, pero no menos interesantes, ya que, por su tamaño, es más fácil contactar con compradores.

El otro tipo de feria internacional según su objetivo, sobre todo para editoriales que publicamos en español, son aquellas cuya finalidad es vender los libros que ya hemos publicado o que vamos a publicar en otros países de lengua hispana. En ellas lo que hacemos es reunirnos con librerías o cadenas de toda Hispanoamérica y también con aquellas especializadas en español de países de habla no hispana. También nos reunimos con bibliotecas de toda Hispanoamérica y de Estados Unidos para ofrecerles nuestros libros y con instituciones públicas de estos países que son prescriptoras de libros. De esta manera, pasamos de un mercado español de menos de 50 millones de habitantes a otro de 650 millones. Las principales ferias del libro en español son:

- FIL (Feria Internacional del Libro) de Guadalajara (México). Es la más importante de todas y donde acuden casi todos los compradores.
- Liber. Se celebra en España y la sede va alternando entre Madrid y Barcelona.
- FIL Buenos Aires.
- FIL Bogotá.

Estas son las principales, pero casi todos los países de Hispanoamérica tienen alguna, e incluso varios estados de Estados Unidos también las organizan, aunque están orientadas más al público general que a las editoriales.

Todas estas ferias internacionales del libro en español tienen la característica de que, cuando acaban las jornadas profesionales, siguen como feria de venta al público con mucho éxito.

Obras audiovisuales

Otra forma de explotación de las obras literarias es la venta de sus derechos para la explotación como obra audiovisual. Muchas de las películas o series que hemos visto están basadas en libros. Para que hayan llegado a convertirse en producto audiovisual, anteriormente una editorial o un agente se ha reunido con una productora, les ha ofrecido la obra, los ha convencido y les ha vendido los derechos de transformación.

Este tipo de eventos se organizan en casi todos los países, y en ellos se les da la oportunidad a las editoriales de reunirse con varias productoras para que surjan nuevos proyectos audiovisuales basados en obras literarias. En España contamos, por ejemplo, con Rodando Páginas, en Italia con la Bienal de Venecia o con el Salón del Libro de Turín.

Resumen del capítulo

Con este último capítulo hemos querido exprimir un poquito más la proyección que puede tener el libro para aquellos que sois más exigentes.

Esto, para aquellos autores que habéis decidido trabajar sin editorial, puede que sea un poco más complicado, pero pocas cosas hay imposibles en esta vida. Nos referimos a:

- Las ferias internacionales
- Las obras audiovisuales
- La venta de derechos

Un escritor profesional es aquel amateur
que nunca se dio por vencido.

RICHARD BACH
Escritor estadounidense

Epílogo

Este manual ha llegado a su fin, esperamos que hayas aprendido mucho y que esta lectura haya servido al menos para que tu proyecto vea la luz partiendo de unos cimientos firmes y con la preparación adecuada.

Nosotros hemos compartido todo lo que sabemos con la intención de seguir aportando a este sector que tanto nos apasiona, sin recelos ni miedos, solo con solidaridad y colaboración, y confiamos que dé sus frutos y algún día podamos charlar contigo para confirmar que tu obra ha cumplido con los objetivos que te has marcado.

Este no es un camino fácil, pero sí bonito y enriquecedor, seguro que valdrá la pena, disfruta de cada paso y el resto vendrá solo.

Si necesitas más información podrás encontrarnos en:

www.todoloqueunescritortienequesaber.com

Agradecimientos

En primer lugar, queremos darte las gracias a ti, lector que tienes este libro entre las manos: gracias por elegirnos. Deseamos que pronto puedas ver tus sueños hechos realidad.

En segundo lugar, a la familia Sargantana, equipo, colaboradores y autores de todos los sellos editoriales que han confiado en nosotros y que nos han dado la oportunidad de crecer con ellos y acompañarlos en este bonito mundo del libro.

En tercer lugar, a nuestros familiares y amigos: son el faro que hace que no nos perdamos nunca.

También a Iván Lanchazo y a Begoña Vidal, nuestros lectores cero.

A Roger Domingo por hacernos el prólogo y por su ayuda y colaboración continua.

Y, por último, pero no menos importante, algo que se nos hace un poco extraño, ya que, como editores, siempre hemos estado al otro lado, a Manuel Pimentel: gracias, gracias por confiar en nuestra obra desde el minuto uno.

Agradecimientos

Concluyó la edición de este libro por Berenice el 3 de marzo de 2025. Tal día de 1982 fallece Georges Perec, uno de los autores más relevantes de la literatura francesa del siglo XX, cuya obra incluye, entre otros, novelas, piezas teatrales, poemas, ensayos, recopilaciones de artículos, libros ilustrados en colaboración con algunos pintores y juegos verbales y lingüísticos.